Cómo entender y cómo enseñar
por y *para*

Cómo entender y como enseñar por *y* para explora muchos de los problemas que los profesores/as encuentran cuando enseñan el uso de estas dos preposiciones. Este libro proporciona un marco de referencia para la comprensión de las sutilezas entre las dos preposiciones, de manera que los profesores/as podrán ayudarles a los estudiantes a aproximarse a la manera cómo los hablantes nativos/as escogen intuitivamente cuál usar en cualquier situación.

Este libro muestra con ejemplos de cuatro autores/as distintos que una regla de punto final intencional (destino, fecha límite, meta, objetivo, propósito, recipiente o uso) explica el 95% de los usos de *para*. Trescientos ejemplos de Corpes XXI y otros 262 ejemplos de tres novelas distintas muestran que dos reglas (causa e intervalo de espacio/de tiempo) explican el 80% de los usos de *por*. En este libro no se ejemplifican las reglas; más bien, se formulan desde abajo las reglas necesarias para explicar más de 600 ejemplos auténticos de *por* o *para* de novelas y de Corpes XXI.

Diseñado para los profesores/as de español como segunda lengua, el procedimiento de construcción de las reglas delineado en el libro mejorará la manera cómo se les enseñará a los estudiantes *por* y *para*. Además, las conexiones hechas a través del libro servirán como un modelo para entender mejor otras dicotomías de la gramática del español.

Luis H. González es Profesor Asociado de español y de lingüística en Wake Forest University. Recibió su doctorado en la University of California, Davis. Sus áreas principales de investigación son papeles semánticos, caso, reflexivización, duplicación de clíticos, marca diferencial del objeto, dicotomías de las lenguas, lingüística aplicada a la enseñanza del español. Es co-autor, con M. Stanley Whitley, de *Gramática para la composición*, ahora en la tercera edición (2015). Este libro de texto de gramática avanzada y de escritura del español incluye un sitio del Internet que tiene más de 1.000 ejercicios con corrección automática.

Cómo entender y cómo enseñar *por* y *para*

Luis H. González

Spanish List Advisor: Javier Muñoz-Basols

LONDON AND NEW YORK

First published 2020 by Routledge

2 Park Square, Milton Park, Abingdon, Oxon OX14 4RN

605 Third Avenue, New York, NY 10017

Routledge is an imprint of the Taylor & Francis Group, an informa business

First issued in paperback 2021

Copyright © 2020 Luis H. González

The right of Luis H. González to be identified as author of this work has been asserted by him in accordance with sections 77 and 78 of the Copyright, Designs and Patents Act 1988.

All rights reserved. No part of this book may be reprinted or reproduced or utilised in any form or by any electronic, mechanical, or other means, now known or hereafter invented, including photocopying and recording, or in any information storage or retrieval system, without permission in writing from the publishers.

Notice:

Product or corporate names may be trademarks or registered trademarks, and are used only for identification and explanation without intent to infringe.

Publisher's Note

The publisher has gone to great lengths to ensure the quality of this reprint but points out that some imperfections in the original copies may be apparent.

British Library Cataloguing-in-Publication Data
A catalogue record for this book is available from the British Library

Library of Congress Cataloging-in-Publication Data
Names: González, Luis H., author.
Title: Cómo entender y como enseñar *por* y *para* / Luis H. González.
Description: London ; New York : Routledge, 2019. | Includes bibliographical references and index.
Identifiers: LCCN 2019030580 (print) | LCCN 2019030581 (ebook) | ISBN 9780367347819 (hardback) | ISBN 9780429327919 (ebook)
Subjects: LCSH: Spanish language—Prepositions. | Spanish language—Study and teaching.
Classification: LCC PC4335 .G66 2019 (print) | LCC PC4335 (ebook) | DDC 465.9—dc23
LC record available at https://lccn.loc.gov/2019030580
LC ebook record available at https://lccn.loc.gov/2019030581

ISBN: 978-0-367-34781-9 (hbk)
ISBN: 978-1-03-217681-9 (pbk)
DOI: 10.4324/9780429327919

Typeset in Times New Roman
by Apex CoVantage, LLC

A los Misiongos, los muchachos y muchachas,
Ana, la Muñequitinga y Arroz con Leche, en orden
cronológico. Pocos enseñan con el ejemplo como los
Misiongos, Bernardo y Marina. Julio nos mostró
el mundo de los libros, nos enseñó a jugar con
las palabras y a hacer reír a los Misiongos. ¡Qué
maravilla habría sido mostrarle este trabajo al viejo!

Índice

Lista de tablas   x
Agradecimientos   xi

1 Para que no lo olvides: El significado principal de *para* es punto final intencional   1

    1.1 Introducción 1
    1.2 El significado principal de para *es punto final intencional 2*
    1.3 Conclusiones 8

2 Cómo probar una regla de abajo para arriba. O un ensayo en 'gramática al revés'   10

    2.1 De dar varios ejemplos para ilustrar una regla a proponer una regla que explica muchos más ejemplos 10
    2.2 Conclusiones 13

3 Cómo explicar *por* y *para* con el 'Elsewhere Principle' de Paul Kiparsky. *Por* y *para* en *Hotel Pekín*   14

    3.1 Para + objeto *expresa punto final intencional 14*
    3.2 Algunas observaciones preliminares sobre por *y* para *21*
    3.3 Conclusiones 23

4 ¿Será que las reglas de *por* hay que ponerlas patas arriba?   26

    4.1 ¡Por está por todas partes! 26
    4.2 Las reglas de por *necesarias para explicar 62 ejemplos de* Hotel Pekín *27*
    4.3 Conclusiones 27

viii *Índice*

5 ***Por* en *Hotel Pekín*, en *Cien años de soledad*, en *El sueño del celta* y en tres grupos de 100 ejemplos cada uno de Corpes XXI (C1, C2, C3)** 29

  5.1 *Introducción 29*

  5.2 *¿De dónde vienen las reglas de los libros de texto? 29*

    5.2.1 *Agente de la voz pasiva o agente de un estado resultante 31*

    5.2.2 *Duración de tiempo o intervalo en el espacio. O cómo lo que se ve en la superficie puede estar ocultando la verdadera regla 33*

    5.2.3 *Causa, motivo, razón. O cómo la primera impresión puede ser una ilusión 38*

    5.2.4 *Expresiones memorizadas con* por *39*

    5.2.5 *Algunos 'inclasificables' (verbo +* por) *40*

  5.3 *Conclusiones 41*

6 **Pares (cuasi) mínimos con *por* y *para*** 46

  6.1 *Introducción 46*

  6.2 *Conclusiones 50*

7 **Algunas observaciones sobre la investigación de la adquisición de *por* y *para*** 51

  7.1 *El problema 51*

  7.2 *Taxonomías de las reglas de* por *y* para *53*

  7.3 *Cabos sueltos y promesas sin cumplir 55*

    7.3.1 *Sí, corazón, voy a la tienda por leche, pero solo por el amor que siento por ti 57*

    7.3.2 *Estar para salir vs. estar por salir; estar para terminar, estar por terminar; la cama está por hacerse, la cama está para hacerse; estar para llegar; estar por llegar 57*

  7.4 *Cuando* por *no es necesariamente* para *y* para *no es necesariamente* por *58*

  7.5 *La esperanza es lo único que no se pierde 59*

  7.6 *Algunas implicaciones 61*

  7.7 *Conclusiones 63*

Índice ix

Apéndices 67
    Apéndice A 69
    Apéndice B 73
    Apéndice C 76
Índice temático 80

Lista de tablas

1.1	Tres explicaciones de *para* en tres libros de texto	3
1.2	Las explicaciones de la Tabla 1.1 sin repeticiones innecesarias	3
3.1	Usos de *por* y *para* en los 100 primeros ejemplos de *por* o *para* en *Hotel Pekín*	16
4.1	Las reglas de *por* en *Hotel Pekín* y en un libro subtitulado *Beginning Spanish*	28
5.1	Porcentaje por regla de *por* en *Hotel Pekín* (1), en *Cien años de soledad* (2), en *El sueño del celta* (3) y en tres grupos de 100 ejemplos cada uno de Corpes XXI (C1, C2, C3).	30
5.2	Taxonomía de Pinto y Rex (2006:614), con ejemplos	31
5.3	Reglas de *por* propuestas en este libro vis-à-vis las reglas de Pinto y Rex (614)	31
5.4	*Por + frase nominal* o *por + adverbio* para expresar intervalo de espacio	38
5.5	*Por + adverbio* o *por + frase nominal* para expresar intervalo de tiempo	38
5.6	Expresiones con *por*: Memorizadas a la izquierda, composicionales a la derecha	39
6.1	Usos de *para* o de *por* en una muestra de 25 oraciones contiguas de *Cien años de soledad* que tenían *por* o *para*	47
6.2	Usos de *por* en una muestra de 25 oraciones contiguas de *Cien años de soledad* que tenían *por* o *para*	48
6.3	Ejemplos de oraciones en las cuales se puede usar *por* o *para* (con diferencia de significado)	49
7.1	Taxonomía de los usos preciso de *por* y *para* (Pinto y Rex 614)	53
7.2	Taxonomía usada por Guntermann (181)	53
7.3	Taxonomía de los usos de *por* propuesta por Lunn (1987:39)	54
A.1	Cien ejemplos de *por* en *Cien años de soledad*	69
A.2	Cien ejemplos de *por* en *Cien años de soledad*. Los ejemplos	69
B	Cien ejemplos de *por* en *El sueño del celta*	73
C	Trescientos ejemplos de *por* en Corpes XXI	76

Agradecimientos

Este trabajo empezó hace 29 años. Durante los últimos 15 años, algunos de mis estudiantes en Wake Forest University empezaron a probar en textos auténticos las versiones preliminares de las reglas que se exploran aquí. Laughlin Kane, una estudiante de Atlanta, fue la pionera. Compiló y 'recategorizó' ejemplos de periódicos de tres países distintos y de tres libros distintos. Amy Casale trabajó por lo menos 50 horas recopilando y organizando notas de varios años antes. Tris Faulkner le dio otro buen empujón a esta comprensión de *por* y *para* en el 2014. Sarah H. Smith sintetizó en el 2016 mejor que nadie lo que otros estudiantes habían hecho hasta entonces. En el otoño del 2017, Lauren Connors compiló ejemplos de *por* y *para* en libros para niños para confirmar que las reglas propuestas aquí expresan mejor el conocimiento del nativo/a que las de los libros de texto. Ryan Popma confirmó la consistencia entre los datos literarios que se tenían y datos de docenas de artículos periodísticos de *El País* (España). Una colega, la Dra. Mary Friedman, respondió docenas de preguntas durante los últimos 20 años y aguantó infinitas disquisiciones sobre *por* y *para*. Entre todos mis maestros (formal o informalmente), me gustaría mencionar a dos, cuya forma de pensar se puede rastrear aquí: M. Stan Whitley y Robert D. van Valin, Jr. Cuando estaba claro que la evolución de las reglas con las cuales empezó Laughlin Kane describía mejor el uso de los nativos/as que las reglas de los libros de texto, supe que tenía un proyecto publicable en las manos. Ese primer manuscrito se completó en octubre del 2018. Unos años después, ese proyecto está en sus manos, estimado lector/a.

1 Para que no lo olvides

El significado principal de *para* es punto final intencional

1.1 Introducción

Este libro está dirigido principalmente a los maestros/as de español como segunda lengua (L2), incluyendo a los nativos/as, quienes sabemos que es *por* o *para*, pero a veces no estamos seguros/as de poder explicar por qué es una o la otra preposición. Por un lado, la distinción entre *por* y *para* es muy compleja y abstracta. Por otro lado, la preposición *for* del inglés puede usarse para expresar causa o propósito, dos conceptos clave de la distinción que expresan *por* y *para* (Bull 1965, Delbecque 1996:277, Gili Gaya 1985[1961]:256, Lunn 1987:62, Whitley 2002:205, entre otros). Una oración como *He did it for you* en inglés puede significar *he did it because of you* (causa), *he did it instead of you* (intercambio), o *he did it for your benefit* (propósito). En contexto, parece que el oyente o lector/a procesa la interpretación correcta sin siquiera pensar en la otra (u otras) interpretación posible. Finalmente, *me dio una puñalada por la espalda* (Vargas Llosa 2010) 'he stabbed me in the back' es un uso difícil de explicar con las reglas de los libros; no solamente en un sentido figurado (me traicionó), sino también en un sentido literal.

Después de observar por 29 años que sería muy difícil justificar cuál regla de *por/para* de los libros de texto explicaría muchas oraciones auténticas, se decidió construir las reglas a partir de ejemplos producidos por nativos/as. ¿Cuál regla explica '*su fuerza descomunal, que le permitía derribar un caballo agarrándolo **por** las orejas*'?, una oración de *Cien años de soledad* (García Márquez 2017[1967]). Se empezó con 50 ejemplos con *para* y con otros 50 ejemplos con *por* en libros para niños o jóvenes. Ese plan cambió un poco. Este libro muestra las reglas que se aplican para explicar más de 100 oraciones con *para* en cuatro libros y un cuento, 262 oraciones con *por* en tres novelas y 300 ejemplos de *por* sacados de Corpes XXI. Esta monografía es el resultado de cientos de horas de escrutinio de ejemplos auténticos con estudiantes y maestros. Una regla de punto final intencional explica

2   *Para que no lo olvides*

alrededor del 95% de los usos de *para*. Una regla de causa (que incluye agente de la voz pasiva), sumada a una regla de intervalo de espacio/tiempo explica cerca del 80% de los usos de *por*. Las reglas propuestas son menos en número que las de los libros de texto, son más fáciles de entender y de recordar y expresan mejor las generalizaciones posibles.

Para ser honestos, no es difícil entender por qué la diferencia entre *por* y *para* causa tantos problemas, como se mostrará muy pronto. Por otro lado, una vez que se entienden mejor los patrones para usar cada una de estas dos preposiciones, la tarea de decidir cuál es obligatoria o mejor para lo que queremos expresar debe de ser mucho más fácil, incluyendo muchos casos en los cuales no hay preposición. Por ejemplo, *anoche trabajé tres horas* es lo que dice un nativo/a, mientras que *anoche trabajé por tres horas* es algo que se encuentra en materiales pedagógicos por influencia de la enseñanza del español como una L2. En muchas situaciones, la mejor preposición no es *por* o *para* sino *a* o *de*, o no hay preposición, como se mostrará al final del capítulo 7. Finalmente, una preposición con un significado más preciso puede ser la mejor opción: *Durante, por medio de*, etc., como observó Whitley (2002:205). Esta es ciertamente una observación que debe ir en libros para principiantes, pues el estudiante que sabe o aprende que *durante* es 'during' tiene menos probabilidad de error que si trata de usar *por*.

1.2 El significado principal de *para* es punto final intencional

Las preposiciones *por* y *para* son difíciles para aprendices del español como L2. Para ver por qué, observemos las dos tablas siguientes. La Tabla 1.1 presenta las reglas de *para* en tres libros de español como L2 usados en la universidad en los EE.UU. La Tabla 1.2 muestra cómo se podría evitar la repetición que se ve en la Tabla 1.1.

Palabras de la Tabla 1.1 = 69

Palabras de la Tabla 1.2 = 21 (12 si contamos 'intended final point' y 'comparison of surprise' una vez). En ninguna de las dos tablas se cuentan los ejemplos.

La Tabla 1.2 es una reducción al 23,33% del número de palabras necesario para expresar las reglas si usamos 21 y al 13,33% si usamos 12. Es decir, las reglas se pueden expresar con menos del 25% de las palabras.

Una queja común de algunos estudiantes de español en la universidad es que cada vez que se les enseña *por* y *para*, las reglas son distintas. Las reglas de la Tabla 1.1 muestran algunos de los problemas de la enseñanza de *por* y *para* para aprendices del español como L2 en los EE.UU. Veamos por qué.

Para que no lo olvides 3

Tabla 1.1 Tres explicaciones de *para* en tres libros de texto

Para (Libro 1)	Para (Libro 2)	Para (Libro 3)[1]
Destination[2]	To, in order to	Movement towards a destination or goal
Deadline or specific time in the future	By, for (a deadline, certain date)	Specific time limit or a fixed point in time
Purpose or goal + [infinitive]		Purpose, goal, use, destination
Purpose + [noun]	For (a particular use) *Un botón para mi camisa*	
Recipient	For, intended for	Implied comparison of inequality
Comparison with others or opinion		Person holding an opinion or judgment
Employment		
Idiomatic expressions: *no estar para bromas, no es para tanto, para colmo, para que sepas, para siempre*		

[1] El libro uno es de McGraw Hill (2005), el dos es de Pearson (2009) y el tres es de Vista Higher Learning (2016). No consideramos necesario identificar más de cada libro.
[2] Los textos que vienen del inglés no se han traducido porque se supone que la mayoría de los lectores/as son bilingües o multilingües.

Tabla 1.2 Las explicaciones de la Tabla 1.1 sin repeticiones innecesarias

Para (Libro 1)	Para (Libro 2)	Para (Libro 3)
Intended final point	Intended final point	Intended final point
Comparison of surprise		Comparison of surprise
		In the opinion of
Idiomatic expressions: para colmo		

Primero, si *destino* 'destination' es un punto final en el espacio (tal vez el uso más concreto y más fácil de entender de *para*), una *fecha límite* es un punto final en el tiempo. Entonces las reglas de 'destination' y 'deadline and specific time in the future' pueden fusionarse en una regla de PUNTO FINAL INTENCIONAL. Tal vez sea una buena idea expresar esta regla en los libros de español para principiantes como 'punto final en el espacio (destino) o en el tiempo (fecha límite)'. En libros de segundo año de español y más avanzados puede expresarse simplemente como 'punto final/

4 *Para que no lo olvides*

propósito'. Obsérvese que 'specific time in the future' es una regla relativamente vaga, a pesar de tener la palabra *specific*. ¿Qué le dice a un estudiante esta frase? Esa regla no tiene sentido hasta que se conecta con un ejemplo. Entonces el punto se ve no por la regla, sino por el ejemplo. Si miramos las dos reglas del libro 3 'movement towards a destination or goal' y 'specific time limit or a fixed point in time', no es difícil estar de acuerdo con que estas reglas no dicen nada que un estudiante del español como L2 pueda entender sin la ayuda del ejemplo. El estudiante necesitará la ayuda del ejemplo o del profesor/a para entender lo que esa regla expresa. Una regla de punto final en el espacio y en el tiempo se entenderá inmediatamente con un par de buenos ejemplos. Además, es una regla fácil de recordar. Como veremos, el 25% de los usos de *por* expresa un INTERVALO de espacio o de tiempo. Cuando se discuta *por* se verá por qué intervalo es un concepto tan importante en la lengua.

Segundo, si se miran las reglas 'purpose or goal + infinitive' y 'purpose + noun', se ve que esta es la misma regla, sin importar si ese propósito o meta se expresa con un infinitivo o con un sustantivo. Muchos lectores/as sabrán que el infinitivo funciona como un sustantivo en español. Un maestro/a de L2 debe saber eso. Que un autor/a de un libro de español no lo sepa o no lo use es difícil de entender. O una muestra más de que en la enseñanza del español como L2 hay mucho espacio para mejorar, para usar un calco de cómo se expresaría esto en inglés ('a lot of room for improvement').

Tercero, en la lista de expresiones idiomáticas con *para* se listan 'para que lo sepas', 'no estoy para bromas' y 'no es para tanto'. También se citan otras dos expresiones idiomáticas o EXPRESIONES MEMORIZADAS que sí podrían serlo.[1] Vamos a ver que los tres ejemplos acabados de citar no son expresiones memorizadas. 'Para que lo sepas' es un propósito o meta + verbo conjugado en el subjuntivo. De hecho, este es un subjuntivo obligatorio y entonces en el libro 1 habría que agregar otra regla de 'purpose or goal + subjunctive'. Lo que se ve en el párrafo anterior y en este es la misma regla expresada tres veces. Esa proliferación de reglas es lo que se podría llamar reglas ATOMÍSTICAS.[2] 'Para + subjuntivo' no es una expresión memorizada porque es COMPOSICIONAL y PRODUCTIVA.[3] El significado de *para* + subjuntivo no tiene que aprenderse como una unidad opaca; o sea, como una cadena de palabras que se tiene que memorizar porque el significado no es deducible del significado de las partes. Propósito, meta u objetivo es punto final, como lo es un destino en el espacio o un punto final en el tiempo.

¿Es 'no estoy para bromas' una expresión memorizada? El lector/a está invitado a pensar, antes de seguir leyendo, si podría usar lo que ha aprendido hasta ahora para explicar este ejemplo sin invocar la necesidad de listarlo como una expresión memorizada. La respuesta no es obvia, pero es algo que

Para que no lo olvides 5

un autor/a de libros de texto debió haber descubierto hace tiempo. Como se sabe, las lenguas tienen varias reglas de elisión que evitan repeticiones innecesarias. Elisión es omisión de una o varias palabras en una oración. ¿Cuál es la palabra que se ha omitido de esta 'expresión memorizada'? Un verbo. Ese verbo es 'tolerar' u 'oír'. Entonces 'no estoy para bromas' parece una elisión de 'no estoy para tolerar bromas' o 'no estoy para oír bromas'. La oración en español 'no estoy para nadie', la cual podría perfectamente encontrarse en un libro como una expresión memorizada, se entiende fácilmente como un propósito si se sabe la explicación de elisión: No estoy para ver a nadie, no estoy para recibir a nadie, no estoy para hablar con nadie, etc. Esta última oración viene probablemente de los teléfonos estáticos (con líneas físicas) que tuvimos por más de un siglo. Cuando alguien estaba muy ocupado (o no quería pasar al teléfono), le indicaba a quien contestaba la llamada que dijera que 'no estaba [para nadie]'. Finalmente, 'no es para tanto' no es una expresión memorizada si sabemos la regla de elisión. ¿Cuál es el verbo elidido? *Alterarse, agitarse, enojarse, fastidiarse, irritarse*, etc. Entonces 'no es para tanto' no es una expresión memorizada si sabemos la regla de elisión: No es para enojarse tanto, una expresión que también puede expresarse con 'no es para que te enojes tanto'.[4] La versión con el infinitivo (enojarse) en lugar de 'que te enojes' se llama precisamente una reducción al infinitivo.

Cuarto, el libro 1 tiene una regla de 'recipient'. Es interesante que recipiente puede ser quien recibe un regalo, un mensaje o un premio. Ese recipiente es un beneficiario. En español, *recipiente* es también un contenedor (una caja plástica para guardar azúcar, por ejemplo). O sea, una jarra plástica o contenedor. El libro 2 tiene una regla de 'for a particular use', con el ejemplo 'un botón para mi camisa'. El libro 3 tiene 'purpose, goal, use, destination'. El libro 3 tiene 'destination' y 'goal' en dos reglas distintas. En una de ellas, como una palabra (cada una) de una lista y en la otra regla como una frase 'movement towards a destination or goal'. Esas son reglas atomísticas. Parece que el autor/a no recuerda en la regla 3 lo que escribió en la regla 1. Un ejemplo típico de recipiente (y uso) en los libros de español como L2 es 'una copa para vino'. Obsérvese que si recordamos la regla de elisión, podemos explicar el ejemplo de un botón para camisa y de copa para vino como elisión de un infinitivo: Un botón para ponerle a la camisa y una copa para beber vino. Ahora se puede ver lo que parece que el hablante nativo/a ve cuando usa la misma preposición en todos estos casos. ¿Qué tienen en común propósito, meta, objetivo, recipiente y uso? La clave es fácil de ver en las tres primeras palabras. Entonces podemos extrapolar y entender por qué recipiente y uso van con propósito, meta y objetivo: Para + la camisa y para + vino son el punto final del botón y de la copa. Como son también punto final un destino (¿a qué hora sales para la casa hoy?) y un punto final en el tiempo (el presupuesto es para el 30 de mayo).[5]

6 *Para que no lo olvides*

Quinto, el libro 3 tiene dos reglas distintas: 'Implied comparison of inequality' y 'person holding an opinion or judgement'. El libro 1 fusiona esas dos reglas en 'comparison with others or opinion'. Tan deseable como sería fusionar esas dos reglas, parece difícil. Oraciones como las siguientes son ejemplos de esas reglas. Nos hemos adelantado un poco y hemos incluido una oración con *por* dos veces (veremos que es la misma regla de causa) para que los lectores vean el contraste entre 1b y 1c.

(1) a **Para** nosotros, la enseñanza de *por* y *para* tiene mucho espacio para mejorar.
    b **Para** ser escritas por especialistas, las reglas de *por* y *para* tienen serios problemas.
    c Las reglas propuestas en este libro son mejores **por** estar escritas **por** un maestro con décadas de experiencia.

1a es un ejemplo de *para* para expresar 'person holding an opinion or judgment'. 1b es un ejemplo de una comparación de sorpresa. Lo que se quiere mostrar con el primer uso de *por* en 1c es un uso de *por* que es causa, motivo o razón y que se opone claramente al uso de *para* en 1b. Volviendo a 1a,b, ¿se pueden fusionar las reglas de comparación de sorpresa y de opinión o juicio? Parece que no; por lo menos por ahora. Obsérvese que el segundo uso de *por* en 1c no es un propósito (es el *por* del agente de la voz pasiva).[6] Si se usara *para*, esta frase significaría propósito (objetivo), pero no tendría sentido con el OBJETO de esta frase (un maestro con décadas de experiencia). (El objeto de una preposición es el sustantivo, pronombre o infinitivo que va después de la preposición).

Al mirar la Tabla 1.2 se puede ver que las reglas de *para* de la Tabla 1.1 se pueden fusionar en tres reglas. A esas tres reglas hay que agregarles los 'usos memorizados'. *Para* se usa:

(2) a Para expresar punto final intencional.

    Punto final intencional incluye punto final en el espacio (destino), punto final en el tiempo (fecha límite), meta, objetivo, propósito, recipiente o uso.

    b Para expresar una comparación de sorpresa (1b).
    c Para expresar 'en la opinión de alguien' (1a).
    d Con algunas expresiones memorizadas.

Parece que hay algunas expresiones memorizadas con *para*. Por ahora, dejamos esa explicación para más tarde.[7]

Para que no lo olvides 7

Como una prueba preliminar de nuestras reglas, transcribimos enseguida los diez primeros ejemplos con *para* de un libro llamado *Mitología mexicana para niños* (Galván 1997). El lector/a debe leerlos y pensar si las reglas de 2 explican estas diez oraciones con *para*. Después de los diez ejemplos, se muestra nuestra explicación.

Nota: Se había empezado con los primeros diez ejemplos de 'El sur', un cuento de Jorge Luis Borges. Una lectora sugirió empezar con ejemplos de libros para niños/as o lectores/as jóvenes. Así se hizo.

1/2 Uno sería para su esposa y otro para él.
3   La señora Ome, movida por la curiosidad, se arriesgó a tocarlos queriendo hacerles caricias y, para su sorpresa, en cuanto detenía su mano en la cabeza de los monstruos . . .
4   Como si hubieran pasado su vida acumulándola, esperando el momento adecuado para soltarla.
5   Cada uno le otorgaron distintas cualidades para que crearan y protegieran la Tierra.
6   Entonces, planearon convertirse en dos grandes serpientes para dominar a la bestia y poder darle forma a lo que sería la Tierra.
7   No habían ocupado aún sus dones para consolar a la señora Tierra.
8   Así que ellos desde el cielo solo se encargaron de mandar gotitas a la tierra para que fueran el alma de los niños que estaban en el vientre de sus madres.
9   A ella le agradaba obsequiar al dios los metales y las piedras preciosas para que realizara obras de arte.
10   Le ofreció la piel para que Quetzalcoatl, que tenía en la cabeza un penacho de plumas de quetzal, la adornara con una diadema de tigre y se confeccionara también unas sandalias como esas que llevaba hasta las rodillas.

Tres de los diez ejemplos van seguidos por un infinitivo y todas esas frases de *para* + *infinitivo* expresan claramente propósito. Cuatro ejemplos de *para* + *que* + *subjuntivo* expresan propósito. De hecho, para + que + infinitivo es la cláusula de propósito prototípica. Otros dos ejemplos son dos frases con *para* en la oración 1: *Uno sería para su esposa y otro para él.*—claros usos de punto final intencional (recipiente de algo). El 'para su sorpresa' es punto final también. Como se verá más claro al final del capítulo 2 (en el penúltimo párrafo antes de las conclusiones), esta frase es una forma de decir 'para sorprenderla a ella'. Este libro mostrará que punto final es claramente el 95% de los usos de *para*.

8 *Para que no lo olvides*

1.3 Conclusiones

Este capítulo ha mostrado que la función principal de *para* es expresar punto final intencional y que las reglas para *para* de muchos libros de texto se pueden escribir con el 20% de las palabras. Las reglas propuestas para explicar *para* son más simples, intuitivas y PREDICTIVAS que las reglas que se encuentran en la mayoría de los libros de texto y en varias gramáticas pedagógicas. Una regla es predictiva si se aplica a otros casos que no se consideraron o no se sabían cuando se formuló la regla.

En el aprendizaje de una L2, una regla es predictiva si el aprendiz es capaz de aplicarla casi automáticamente a casos que nunca había visto. Por ejemplo, si el estudiante es capaz de producir la preposición correcta en la práctica de la clase los días en los cuales no se practica *por* y *para*. O si en el tiempo limitado que tiene en un examen, puede determinar si es *por/para* en oraciones que no había visto. Mejor que eso, el estudiante hace progreso en su uso de la lengua afuera de la clase a medida que su nivel de acierto en el uso de *por* y *para* aumenta.

Finalmente, este capítulo mostró que las reglas de *para* se pueden expresar de una manera muchísimo más clara e intuitiva. La regla de 2a explica aproximadamente el 95% de los usos de *para*. A la preposición *por* le llegará el turno. Los capítulos 3 a 5 mostrarán que dos reglas de *por* explican el 80% de sus usos. Una explicación detallada del 5% y del 20% restantes de *para* y *por*, respectivamente, es un buen tema para otros investigadores/ as que quieran continuar la exploración de *por/para* propuesta en este libro.

Notas

1 Según la RAE, 'idiomática' tiene dos significados en español. Citamos de http://dle.rae.es/?id=KuNIbg4: 1. Adj. Propio y peculiar de una lengua determinada. 2. Adj. Ling. Dicho generalmente de una expresión lingüística: Que posee un significado no deducible del de los elementos que la componen.

   EXPRESIÓN MEMORIZADA evita la ambigüedad de 'idiomática' en español y es más intuitiva. De ahora en adelante se usará 'expresión memorizada' en lugar de 'expresión idiomática', excepto en las citas. Guntermann (1992:181) usa la frase 'expresión memorizada'.

2 Llamamos ATOMÍSTICAS a las reglas basadas en una lista de usos sin capturar lo que esos usos tienen en común. Los nativos no procesan una serie de reglas aisladas; más bien parecen aplicar **la generalización subyacente**. Las reglas de *para* de la Tabla 1.2 parecen una mejor representación del conocimiento de cada nativo de su lengua que las reglas de la Tabla 1.1. Como Yee-Wun Lam (2003:10–11) observó: 'A survey of 14 grammar books revealed lists of four to 15 meanings for *por* and four to seven meanings for *para*, as shown in Table 1.2.' El promedio es 7,7 reglas para *por* y 5,3 para *para*.

3 Una construcción es composicional si su significado es 'deducible del de los elementos que la componen', para poner patas arriba la definición de una expresión lingüística idiomática de la RAE que acabamos de citar.

Para que no lo olvides 9

4 Cuando una cláusula subordinada (*que te enojes tanto*) le sigue a una preposición, esa cláusula suele reducirse a la forma en infinitivo del verbo (*para enojarse tanto*). La reducción es la opción preferible (por ser más económica) si no cambia el significado o si no surgiría ambigüedad. Un aprendiz del español como L2 que aprende a hacer esto, no tiene que decidir si es subjuntivo o indicativo.

5 Las fechas límite se pueden expresar de distintas maneras, sin una frase preposicional con *para*. Por ejemplo, *el presupuesto hay que entregarlo el 30 de mayo; el presupuesto tiene que estar listo el 30 de mayo*. Sin embargo, *para* permite expresar estas fechas límite con menos palabras.

6 La distinción entre la voz pasiva y un estado resultante es la clave para entender *estar* como cambio de estado:

(i) El techo fue destruido por el huracán. (Voz pasiva).
(ii) La casa está mojada por dentro. (Estado resultante). ['Por dentro' es un intervalo de espacio en este ejemplo; no es agente de un estado resultante].

7 Una búsqueda en Google de 'dejamos para más tarde' produjo 27.400 resultados (diciembre 27, 2017). Una búsqueda de 'dejamos por más tarde' no produjo ningún resultado.

Bibliografía

Bull, William E. 1984[1965]. *Spanish for teachers. Applied linguistics*. Malabar, FL: Robert E. Krieger Publishing Company.

Delbecque, Nicole. 1996. Towards a cognitive account of the uses of the prepositions *por* and *para* in Spanish. *Cognitive linguistics in the redwoods. The expansion of a new paradigm in linguistics*, ed. by Eugene H. Casad, 249–318. Berlín: Mouton de Gruyter.

Galván, Nélida. 1997. *Mitología mexicana para niños*. México, DF: Selector Actualidad Editorial.

García Márquez, Gabriel. 2017[1967]. *Cien años de soledad*. Online: http://bdigital. bnjm.cu/docs/libros/PROC2-435/Cien%20anos%20de%20soledad.pdf. Se consultó esta versión de la Biblioteca Digital de Cuba por la facilidad para hacer búsquedas electrónicas. Consultada en el 2017.

Gili Gaya, Samuel. 1985[1961]. *Curso superior de sintaxis española*. 15a reimpresión. Barcelona: Vox.

Guntermann, Gail. 1992. An analysis of interlanguage development over time: Part 1, *por* and *para*. *Hispania* 75. 177–87.

Lunn, Patricia V. 1987. *The semantics of* por *and* para. Bloomington, IN: Indiana University Linguistics Club.

Vargas Llosa, Mario. 2010. *El sueño del celta*. Bogotá: Alfaguara.

Whitley, M. Stanley. 2002. *Spanish/English contrasts* (2nd ed.). Washington, DC: Georgetown University Press.

Yee-Wun Lam, Yvonne. 2003. *Challenging prepositions: The effectiveness of interrelating rules for teaching* por *and* para *in Spanish as a second language*. Tesis doctoral de la University of Toronto.

2 Cómo probar una regla de abajo para arriba. O un ensayo en 'gramática al revés'

2.1 De dar varios ejemplos para ilustrar una regla a proponer una regla que explica muchos más ejemplos

Después de fusionar las reglas de *para* de la Tabla 1.1 como se ve en la Tabla 1.2, tenemos que probar que esas reglas reflejan el uso de *para* por parte de los hablantes nativos/as.[1] Para hacer esto, pensamos que sería una buena idea empezar con cuentos para niños. Fuimos a la biblioteca pública más cercana a nuestra universidad, agarramos rápidamente diez libros de cuentos para niños y sacamos 50 ejemplos con *para*. Cuando empezamos a ver cuál regla podría explicar cada ejemplo, empezamos a notar anglicismos. En efecto, varios de esos libros eran traducciones de cuentos escritos originalmente en otras lenguas, principalmente en alemán y en inglés. Entonces volvimos y nos aseguramos de escoger libros escritos por nativos/as principalmente para nativos/as. El primer libro que encontramos parecía ser de origen mexicano por la portada (cacti, lagartijas y serpientes) y por el título: *El valle de los Cocuyos*. Fue publicado en España en 1986 y ya en 1995 iba en la novena edición. El nombre de la autora es definitivamente hispano: Gloria Cecilia Díaz. Después de terminar los ejemplos y de leer la contraportada, nos dimos cuenta de que la autora es colombiana.

El plan original era examinar las primeras 50 oraciones con *para* que encontráramos. Resulta que el libro tiene 36 ejemplos. Como ya habíamos visto por la investigación de otros autores, por nuestra experiencia explorando este punto gramatical durante casi tres décadas y por los ejemplos de los cuentos para niños que efectivamente propósito explica aproximadamente el 95% de los usos de *para*, decidimos que esta muestra es suficiente para una segunda prueba de la simplificación de las reglas de *para* propuesta en la Tabla 1.2. Como después de cada ejemplo está la página en la cual se encuentra, decidimos presentar las oraciones empezando con los ejemplos que muestran punto final más claramente. Después de los ejemplos se

Cómo probar una regla de abajo para arriba 11

discutirá un poco aquellos en los cuales punto final no es muy fácil de ver. Esos ejemplos se dejaron para el final.

Las oraciones con *para* de *El valle de los Cocuyos*

1   La lagartija miró las piedras desnudas del Valle de los Cocuyos y pensó que eran perfectas para pasar en ellas los días bajo el sol ardiente. (35)
2   Anastasia dijo a Jerónimo, que estaba pronto para partir: (43)
3   El Pajarero aceptó hacer un alto para reposar. (58)
4   Como si la melodía que se escuchaba en todas las montañas se hubiese replegado para estallar como la luz allí, frente a ellos. (59)
5   Este contó a su amigo que Jerónimo se había ofrecido para ayudarle a buscar los alcaravanes. (59)
6   —¿Cómo haré para luchar contra él? (65)
7   Jerónimo dijo entonces que debían ir por los lados del volcán para estudiar el terreno y poder espiar al Espíritu durante la noche. (66)
8   El árbol de café extendió sus ramas para dar espacio al viejo y al niño. (74)
9   El Pajarero atisbaba entre el ramaje para ver si veía llegar al amo del volcán. (77)
10 Al amanecer, Halcón Peregrino bajó para hablar con el Pajarero. (79)
11 Y él, el Pajarero Perdido, había sido elegido desde niño para guardar los alcaravanes. (83)
12 Para tomar su luz; una sombra no existe si no hay luz. (85)
13 Halcón Peregrino voló hacia el niño para impedirle que se acercara a la Sombra. (88)
14 Pensando en lo que harían para recuperar los alcaravanes. (95)
15 En medio del frío y el horror la mujer alzó su voz para decirles: (95)
16 Tengo que aprovechar que aún soy invisible para atacar a las aves. (102)
17 El Pajarero empezó su ataque corriendo de un lugar a otro para despistar a las aves. (103)
18 Completamente debilitado, sin fuerzas siquiera para tomar los alcaravanes, el Espíritu salió arrastrándose. (106)
19 . . . poniendo sus manos a manera de visera para protegerse del brillo del sol . . . (119)
20 El hombre empezó a juntar ramas y troncos para construir un rancho. (121)
21 . . . se enfrentaron a la sombra para tratar de liberar a los alcaravanes. (122)
22 —Para decirte la verdad, nunca la he abandonado completamente. (32)
23 La vieja llenaba la mochila de fique que Jerónimo sostenía, mientras le enseñaba para qué era útil cada hoja, cada tallo, cada flor. (24)
24 ¿Para qué quiere los alcaravanes el Espíritu del volcán de Piedra?— Preguntó Jerónimo. (85)

12   *Cómo probar una regla de abajo para arriba*

25   Tú sabes, Pajarero, que él no hace más que ir de aquí para allá. (66)
26   ¡Qué lindo!—pensó Jerónimo para sus adentros, y sintió la mano invisible del Pajarero Perdido acariciándole la cabeza. (56)
27   —El agua del Olvido—repetía el viejo para sus adentros. (103)
28   —Es para ti—le dijo el viejo mostrándole el ave inacabada. (30)
29   Fue un saludo para el Pajarero, . . . (59)
30   . . . no para Jerónimo. (59)
31   Mira, la pluma que me queda es para ti—dijo el viejo entregándole la pluma que guardaba en el bolsillo. (118)
32   Pero aquel valle, para ella sola, era demasiado. (35) [El valle era demasiado grande para una sola lagartija, nuestra nota].
33   Dice que todos los que pasan por sus dominios están desprovistos de sueños y eso no es bueno para las montañas Azules—respondió el Pajarero. (53)
34   Los jirones de luz los dejan para siempre en el río. (22)
35   Días después, miles de lagartijas invadieron el valle de los Cocuyos y se instalaron para siempre allí, bajo la eternidad del sol. (36)
36   Aquella tarde Jerónimo llevó a Mariana al río de las Tortugas y, para su sorpresa, descubrió que ella sabía lo de las historias en los caparazones. (118)

Los usos de *para* + *infinitivo* son 22 de 36, o sea el 61,11%; todos ellos propósito. Hay dos casos de *para qué*, indudablemente propósito (las oraciones 23 y 24). Un caso de *para* + *destino* (para allá) y dos casos de *para sus adentros* (las oraciones 26 y 27), casos claros de punto final en el espacio. Hay seis casos de recipiente o meta (las oraciones 28 a 33). Hasta este punto el 91,66% de las oraciones con *para* expresan punto final. La frase *para siempre* parece remitirnos al último punto en el tiempo. Lo interesante es que cada una de las dos menciones de esa expresión se acompaña de una referencia a un espacio (*el río* y *allí*). Como si se quisiera juntar el último tiempo en un lugar. Después de todo lo que hemos aprendido sobre punto final escribiendo este libro, no podemos dejar de proponer que *para siempre* es un punto final en el espacio y en el tiempo. Esto nos pone en un 97,22% de punto final. A quienes encuentren difícil de aceptar que *para su sorpresa* es punto final, se les invita a pensar si esta no es otra forma de decir que el descubrimiento de que Mariana sabía lo de las historias de los caparazones fue una sorpresa para Jerónimo. En resumen, el 100% de los 36 usos de *para* en el libro de Gloria Cecilia Díaz son punto final si se acepta que *para siempre* expresa punto final. Si no, sería el 94,44% (hay dos oraciones con *para siempre*).

¿Es *para siempre* o es *por siempre*? Esa es una pregunta que seguramente se habrán hecho quienes han enseñado *por* y *para*. O a quienes se la habrá hecho algún estudiante. Estos son los datos de Corpes XXI:

Para siempre: Frecuencia absoluta = 10.398. Frecuencia normalizada = 36,96 casos por millón.
Por siempre: Frecuencia absoluta = 898. Frecuencia normalizada = 3,19 casos por millón.

2.2 Conclusiones

Para ser la segunda vez que probamos nuestra regla con ejemplos de textos auténticos, la simplificación de las reglas de *para* propuesta en la Tabla 1.2 funcionó muy bien.[2] Un grupo de diez ejemplos de Galván (1997) y un grupo de 36 ejemplos de Díaz (1995[1986]) expresan todos punto final si aceptamos que *para siempre* expresa punto final. Estas dos muestras son muy pequeñas y claramente no representativas. *Para* no expresa punto final el 100% de los casos. De hecho, se verá que con una muestra de 38 oraciones de una novela colombiana que se examina en el siguiente capítulo, el 89,49% de los usos de *para* expresan PUNTO FINAL. En el capítulo 7 se confirma que *para* expresa punto final alrededor del 95% de las veces.

Notas

1 'Probar' tiene por lo menos dos significados en español. El primero es 'experimentar' y el segundo es 'demostrar'. 'Experimentar' a su vez, tiene por lo menos dos significados que se pueden ver en inglés con la diferencia entre 'test' y 'taste'. 'Demostrar' también es un doblete. Puede tener el sentido especializado de 'demostrar' un teorema o el más común de mostrar evidencia para apoyar una hipótesis o una observación.
2 'Para ser la segunda vez . . .' es un uso de *para* para expresar comparación de sorpresa. Lo señalamos porque les es difícil a los aprendices del español como L2.

Bibliografía

Corpes XXI. Online: www.rae.es/recursos/banco-de-datos/corpes-xxi.
Díaz Díaz, Gloria Cecilia. 1995[1986]. *El valle de los Cocuyos* (9a ed.). Madrid: Ediciones SM. Joaquín Turina.
Galván, Nélida. 1997. *Mitología mexicana para niños*. México, DF: Selector Actualidad Editorial.

3 Cómo explicar *por* y *para* con el 'Elsewhere Principle' de Paul Kiparsky. *Por* y *para* en *Hotel Pekín*

3.1 *Para + objeto* expresa punto final intencional

En este capítulo se explora una hipótesis muy provocativa. En el otoño del 2017, cuando el autor practicaba *por/para* usando esta explicación en un seminario de pregrado con estudiantes cuya especialización (o segunda especialización) en la universidad es español, un estudiante preguntó: ¿No se les podría enseñar a los niños que aprenden español como L2 la regla de que *para* se usa para expresar punto final y *por* se usa para expresar algo distinto de punto final? La respuesta fue que esa es una hipótesis muy provocativa para explorar. Ese sería un excelente proyecto para una maestría en español o para una disertación. Como nuestra universidad no tiene un programa graduado en el cual se pueda explorar esa hipótesis, decidimos explorarla de una manera preliminar en este capítulo. Para decir la verdad, esta idea no es nueva. Ya está en Bull (1965), en Delbecque (1996), en Gili Gaya (1985[1961]), en Lunn (1987) y en Whitley (2002:205), entre otros. Es probable que ese estudiante haya dicho eso porque lo había leído en la lectura para ese día. Sin embargo, si lo dijo porque lo infirió de la explicación, ese estudiante entendió la explicación de *por* y *para* como una explicación con poder de predicción.

Obsérvese que la estrategia que se va a aplicar es similar al *Elsewhere Principle*, en el cual está basado el ejercicio que se propone a continuación.

In linguistics, the *Elsewhere Principle* is the proposition that the application of a specific rule or operation overrides the application of a more general rule. Also known as the *Subset Principle,* the *Elsewhere Condition*, and the *Paninian Principle*.

American linguist Stephen R. Anderson points out that the Elsewhere Principle is "invoked by [Stephen R.] Anderson (1969), [Paul] Kiparsky (1973), [Mark] Aronoff (1976), Anderson (1986), [Arnold M.] Zwicky (1986), etc., with antecedents going back to [the fourth century

BC Sanskrit grammarian] Pāṇini, [19th-century German linguist] Hermann Paul, and probably others" (*A-Morphous Morphology*, 1992). De: www.thoughtco.com/elsewhere-principle-linguistics-1690586

Sin embargo, más que aplicar el Elsewhere Principle, lo que vamos a hacer es modificar la propuesta de Pinto y Rex (2006), quienes arguyen que *por* y *para* no se deben enseñar como una dicotomía. *Por* y *para* no son una dicotomía en el sentido de que muchas veces no es una preposición o la otra, sino *a*, *de*, *en*, etc., o ninguna preposición, como se muestra en varios ejemplos a través de este libro y al final del capítulo 7. Pero sí se pueden enseñar como una dicotomía si contrastamos usos auténticos de *por* y *para*, como lo hacemos en este capítulo.[1]

Probaremos esa hipótesis de la dicotomía con diez grupos (cada uno con diez ejemplos) de *por* y *para* sacados de *Hotel Pekín*, una novela escrita por Santiago Gamboa. La tarea del lector/a será aplicar las tres reglas que hemos visto de *para* y escribir *para* en el espacio. Si ninguna de las tres reglas se aplica, entonces el lector/a escribe *por*. (Los números de 1 a 100 de la Tabla 3.1 se refieren a cada ejemplo de Gamboa y esta es la forma de confirmar las respuestas). Además, evaluaremos qué tal funcionó la hipótesis de usar *por* si ninguna de las tres reglas de *para* funciona. Eso llevaría a los lectores a escribir *por* si hay una expresión memorizada con *para*. Si no es una expresión común, ese sería un error perdonable, aun más allá del nivel 'Intermediate High' en la escala de ACTFL (B1.1/B1.2 en CEFR). Así que no es nada para preocuparse si todo lo otro funciona más o menos bien. Como veremos más adelante (capítulo 7), la precisión del uso de *por* y *para* está muy lejos de funcionar más o menos bien con las explicaciones actuales. Si punto final es punto final en el espacio (algo indisputable) o punto final en el tiempo, entonces 'para siempre' podría ser punto final. Pero la consideramos una expresión memorizada por ahora.[2]

Una advertencia. Los primeros grupos de 10 ejemplos les costarán un poco de trabajo a algunos lectores/as. Algunos casos de punto final serán claros, pero habrá unos cuantos que no saltarán a la vista. Es natural. Cuando el lector/a haya hecho unos cuatro o cinco grupos (unos 40 o 50 ejemplos), debe de hacer cada grupo en menos tiempo y más seguro/a de lo que hace. El lector/a recordará que punto final ayuda mucho, pero es una abstracción que se adquiere después de cien ejemplos, por lo menos.

Finalmente, una pista ('hint') que puede ayudarle mucho al lector/a. Cuando *para* precede a un infinitivo y ese *para* se puede reemplazar con 'in order to', ese *para* es con buena seguridad (almost for sure) un punto final por ser un propósito.

Aquí tenemos cien ejemplos de *por* y *para* de *Hotel Pekín*. Quienes quieran hacer el ejercicio, escriben *para* si es 'punto final', 'comparación

16   Por *y* para *en* Hotel Pekín

Tabla 3.1 Usos de *por* y *para* en los 100 primeros ejemplos de *por* o *para* en *Hotel Pekín*

Por			Para
Causa, motivo, razón: 16, 22, 24, 27, 34, 37, 39, 43, 50, 53, 55, 57, 65, 73, 79, 83, 100 = 17	17 (27,41%)	34 (89,47%)	Punto final: 1, 5, 6, 7, 9, 21, 23, 32, 33, 38, 41, 47, 49, 51, 54, 56, 66, 67, 68, 70, 71, 72, 81, 84, 87, 88, 89, 91, 92, 94, 95, 96, 97, 98 = 34
Agente de la voz pasiva: 4, 13, 14, 15, 31, 40, 52, 61, 85 = 9	15 (24,19%)	3 (7,89%)	En la opinión de: 12, 90 Para mi vergüenza: 17 Total = 3
Agente de estado resultante: 3, 11, 42, 69, 75, 80 = 6 Intervalo de espacio: 2, 20, 28, 29, 44, 48, 59, 60, 64, 76, 77, 99 = 11 Intervalo de tiempo: 10, 26, 28, 30, 35 = 5	16 (25,8%)		
Expresiones memorizadas: Por favor (18, 78, 93), por mi parte (45), por supuesto (46), por modesta que fuera (58), por sí solo (63), por cierto (74) =8	8 (12,9%)	1 (2,63%)	Para siempre: 19 = 1
Verbo + por: Estar por ver (25), dar por terminado (36), acabar por convertirse (82), empezar por ustedes (86) = 4	4 (6,45%)		
Frecuencia, porcentaje, precio, velocidad: 8, 62 = 2	2 (3,22%) = 62	= 38	

de sorpresa' o 'en la opinión de'. Si ninguna de esas reglas se aplica, escriben *por*.

RESPUESTAS. En la Tabla 3.1 (más arriba) se indica en qué regla se incluyó cada ejemplo (el número se refiere a cada oración de 1 a 100). De esa manera, el lector/a puede ver si su respuesta es correcta y cuál regla se aplica.

1   . . . agitaban frascos de pastillas esperando el momento _____ engullirlas y dormir.

2   Niños que gozaron con la vista aérea de la ciudad y no se cansaron de señalar cosas _____ la ventanilla.

Por *y* para *en* Hotel Pekín   17

3 Su aspecto, vagamente atlético, estaba regido _____ una calva incipiente.

4 . . . asistir a una improvisada y estúpida—eso pensó él—reunión convocada _____ el nuevo administrador jefe . . .

5 . . . convocada por el nuevo administrador jefe _____ evaluar los resultados del semestre.

6 . . . *Enhancing the Future*, nombre de la empresa _____ la cual trabajaba.

7 ¿Qué más decir de él, aparte de que era el ocupante del sillón 5B? Varias cosas. _____ empezar, el nombre estampado en su pasaporte.

8 El nombre surgió anteponiendo el apellido de la madre, Michalski, y cambiando su hispano Francisco _____ el apodo familiar sajón de Frank.

9 . . . nombre que usaban sus compañeros de trabajo _____ referirse a él.

10 Primero fue archivero nocturno de biblioteca, luego <<formador suplente>> _____ horas . . .

El lector/a debió haber escrito *para* cinco veces y *por* otras cinco veces.

11 . . . y, sobre todo, estar protegida _____ una coraza de acero.

12 _____ él fue difícil y se sintió muy culpable.

13 . . . los que esperan ser descubiertos _____ los ricos o poderosos . . .

14 . . . los que esperan ser tocados _____ la fortuna . . .

15 . . . tocados por la fortuna o la fama o al menos _____ esa forma incierta . . .

16 . . . lo único que veo a mi alrededor es un eterno presente, y eso, _____ _____ desgracia . . .

17 . . . _____ desgracia, e incluso _____ mi vergüenza . . .

18 . . . déjame explicarte, _____ favor no llores, a ti y a Eddy . . .

19 Esa fue su última conversación con Pat antes de abandonar _____ siempre el nuevo apartamento en Tribeca . . .

20 Vinieron viajes, proyectos en países _____ fuera del circuito normal . . .

El lector/a debió haber escrito *para* _____ veces y *por* _____ veces.

21 . . . consideraba seriamente la posibilidad de inscribirse en un *ashram* _____ purificarse . . .

22 . . . pero sobre todo _____ que, según le explicó . . .

23 . . . saliendo a la superficie solo de vez en cuando _____ comprobar que el mundo . . .

24 --¿Va usted a Pekín _____ trabajo?—preguntó Frank Michalski.

18 Por *y* para *en* Hotel Pekín

25 . . . pero mi trabajo de fondo, que es el de Selecciones, aun está _____ ver. Depende de lo que encuentre.

26 _____estos días hay un cierto revuelo . . .

27 —Ah, claro, ya entiendo, _____eso va usted.

28 . . . pues tenemos muchas horas _____delante.

29 . . . en mis múltiples viajes y experiencias _____el mundo . . .

30 Todos los periodistas que _____estos días vendrán a Pekín . . .

El lector/a debió haber escrito *para* ____ veces y *por* ____ veces.

31 . . . una serie de cambios en los últimos años, propiciados _____la devolución de Hong Kong y Macao . . .

32 . . . de cómo el pequeño hombrecillo, Deng Xiaoping, transformó todo eso y puso al gigante a trabajar _____convertirse en una de las grandes potencias . . .

33 De todo eso hablarán y está muy bien que lo hagan, pues _____eso los han enviado . . .

34 —Es _____ese interés que voy a Pekín . . .

35 No me cabe duda de que _____estos días ocurrirán en Pekín . . .

36 Bordewich dio _____terminada su explicación . . .

37 —¿Y usted?—le dijo—¿Va también _____trabajo?

38 —Trabajo _____*Enhancing the Future*—dijo Frank—.

39 . . . y _____eso iba a Pekín.

40 . . . una serie de pautas . . . serán imitadas _____las capas media y media-alta . . .

El lector/a debió haber escrito *para* ____ veces y *por* ____ veces.

41 Frank hizo una pausa prosódica, _____de inmediato rematar diciendo:

42 —Le sorprendería saber la cantidad de lugares en donde esa modernidad no está prevista _____el futuro—dijo Bordewich en tono irónico—.

43 . . . y _____eso le diré una cosa:

44 Cualquiera que haya salido _____el mundo . . .

45 _____mi parte intentaré dormir.

46 _____supuesto que no tenía aspiraciones literarias.

47 Aún era temprano _____el noticiero así que cambió varias veces . . .

48 Le hizo un gesto de disgusto que quería decir estoy _____encima de esas cosas . . .

49 —No les pasará nada, _____eso estás tú.

50 Estaba nervioso _____el trabajo.

Por *y* para *en* Hotel Pekín   19

El lector/a debió haber escrito *para* _____ veces y *por* ___ veces.

51   . . . una firma de Singapur _____expandir . . .
52   . . . organizado _____el *BDA* . . .
53   . . . . esta vez fue _____tu carrera.
54   Es muy pronto _____sacar conclusiones.
55   Habían podido tener dos _____su origen campesino.
56   Jamás habría usado su influencia _____ello.
57   _____eso los dos . . .
58   . . . del mismo modo en que llegaba cualquier persona, _____mo-
     desta que fuera.
59   . . . fueron a pie _____las elegantes calles arboladas . . .
60   . . . hasta internarse _____senderos rodeados de bambú . . .

El lector/a debió haber escrito *para* _____ veces y *por* ___ veces.

61   . . . enriquecidos _____la chatarra del viejo ejército soviético.
62   . . . de solo pensar en el vodka servido _____gramos . . .
63   Bueno, preferiría que lo descubra _____sí solo.
64   Miró _____el óvalo de la ventana.
65   Los barmen saben mucho de la vida _____escuchar a sus clientes.
66   Ellas habían estado ahí _____propiciarlo con su trabajo.
67   —¿Preparados _____qué?
68   —Veo que hay mucho desarrollo en este país. Eso es una excelente
     noticia _____el mundo.
69   . . . una autopista enmarcada _____abetos y robles.
70   . . . Deng Xiaoping nos pidió hacer fortuna y construir riquezas
     _____que el país evolucionara.

El lector/a debió haber escrito *para* _____ veces y *por* ___ veces.

71   Aun si los obreros trabajan día y noche _____levantar a toda prisa
     esos rascacielos . . .
72   . . . pero ahí está uno _____imprimirles velocidad . . .
73   Si uno va muy lento _____temor a caerse . . .
74   _____cierto, ¿pudo dormir en el avión?
75   . . . fachadas ennegrecidas _____la humedad y la contaminación . . .
76   Luego el automóvil se lanzó _____una enorme avenida repleta . . .
77   ¿Estaría _____ahí Bordewich?
78   _____favor suba a su habitación . . .
79   —Vendré _____usted mañana a eso de las once.
80   . . . acompañado _____el botones . . .

20   Por *y* para *en* Hotel Pekín

El lector/a debió haber escrito *para* _____ veces y *por* _____ veces.

81   La verdad es que no podía haber mejor ubicación _____un hotel . . .

82   . . . que acabaron _____convertirse en ideas útiles . . .

83   _____esa capacidad de sugerencia amaba las nubes . . .

84   _____ello tenía un termo de agua caliente . . .

85   . . . donde fue recibido _____un alto ejecutivo . . .

86   . . . a la modernización de nuestro país empezando _____ustedes, sus líderes económicos.

87   _____una mayor proyección internacional, y dado que . . .

88   . . . tiende a mejorar el comportamiento individual _____que los beneficios redunden en lo colectivo.

89   . . . nuestro asistente, Zeng Wong, intérprete especializado, estará siempre en la sala _____disipar cualquier duda.

90   . . . quiero que sepan que es un honor _____mí estar aquí esta tarde.

El lector/a debió haber escrito *para* _____ veces y *por* _____ veces.

91   . . . pero deben saber que es el método que usamos en las primeras clases _____entrar en materia de forma amena . . .

92   . . . y _____irnos conociendo.

93   —Y ahora, _____favor, escriban.

94   . . . trajes claros _____el verano . . .

95   . . . oscuros _____el invierno . . .

96–98   Hizo una lista de colores y les pidió combinarlos de acuerdo a su gusto, eligiendo uno _____el traje, otro _____la camisa y un tercero _____la corbata.

99   . . . las tendencias cambiaban regularmente y que _____esos días . . .

100   —Sé _____la historia de China que ustedes vivieron un período . . .

El lector/a debió haber escrito *para* _____ veces y *por* _____ veces.

La Tabla 3.1 muestra que la regla de *para* funcionó bastante bien. También se muestran los usos de *por*. De los primeros 100 usos de *por* o *para* encontrados en el libro, 38 fueron de *para*. En los dos capítulos que siguen justificaremos las reglas de *por* que usamos.

Nota: Los números 22, 24, 27, etc., se refieren a las 100 oraciones sacadas de Gamboa. Esas oraciones expresan causa y hay 16 oraciones que expresan causa, 12 que expresan intervalo de espacio, etc.

Por *y* para *en* Hotel Pekín   21

De 100 ejemplos con *por* o *para*, 62 fueron de *por* y 38 de *para*. De esos 38 usos de *para*, 34 fueron punto final, o sea el 89,47%. Si miramos juntos *por* y *para*, tendríamos un 34% de punto final, un 3% de 'en la opinión de' y un 1% de expresiones memorizadas. Los usos de *por* de esta tabla muestran nuestras reglas preliminares para *por*. Luego miraremos *por* en más detalle.

3.2 Algunas observaciones preliminares sobre *por* y *para*

Una interesante observación es una regla de *por* para explicar *intercambio* 'exchange', una regla común en los libros de texto. Por ejemplo, que si uno ahorra dinero para comprar un computador, cuando lo compra paga unos $1.000 dólares por él (intercambio de dinero por el computador). Lo interesante es que los libros suelen tener uno o dos ejemplos de los seis que aparecen en 1 (precio y velocidad). Eso es comprensible desde el punto de vista de la simplicidad y tal vez justificable en el nivel 'Novice' de la escala de ACTFL (0 a A1/A1.1 en CEFR). En el nivel 'Intermediate', una lista como la siguiente muestra el patrón sin necesidad de mucha explicación. La regla sería cantidad, frecuencia, (= proporción o porcentaje) o medida.

(1) a Este trabajo paga $20 dólares por hora.
     b Pagué $600 dólares por este computador. (cf. Este computador me costó $600 dólares).
     c Una velocidad de 55 millas por hora equivale a unos 88 km/h.
     d Un interés del cuatro por ciento anual no es para quejarse.
     e El corazón palpita 80 veces por minuto.
     f Por última vez, tenemos que hablar. (Verso de una canción de Gloria Estefan).

Obsérvese que 'por última vez' podría parecer una expresión memorizada si se ve aisladamente, atomísticamente.[3] Pero cuando uno la considera en relación con los ejemplos de 1a–f, es fácil ver que es frecuencia (1a,c,e) o proporción (1d). De la misma manera, es tentador, viniendo del inglés, pensar que la siguiente oración es parte de este patrón:

(2) Fui a New York por la primera vez en 1984.

Hay dos anglicismos en la anterior oración: Uno superficial y uno profundo. Observemos 3a,b:

(3) a Fui a New York por primera vez en 1984.
     b La primera vez que fui a New York fue en 1984.

22 Por *y* para *en* Hotel Pekín

El primer anglicismo viene de usar el artículo definido *la* (como en 2), como se hace en inglés. El segundo anglicismo viene de usar *por* con *primera vez*. No es necesario. Para nosotros, la oración 3b es más 'Spanishy'; es decir, algo que un nativo sin influencia del inglés diría.[4] Algunos lectores/as se preguntarán si 100 ejemplos no son demasiados. Para nada. Cien ejemplos (aun si son exclusivamente de *para*) no son suficientes para entender *para*. El lector/a habrá notado que punto final no siempre es fácil de ver.[5] Por la complejidad y abstracción que hemos mostrado de *por*, el lector/a debe haberse dado cuenta ya de que cien ejemplos de *por* son una muestra muy insuficiente para entenderlo. Al escribir esto, se nos ocurrió preguntarnos cuál es el número típico de ejercicios de *por* y *para* en un libro de texto típico. Nuestra conjetura es que serían entre 10 y 20. Para probar qué tan lejos o no estábamos de la verdad, agarramos tres libros que teníamos a mano—no necesariamente los tres libros de la Tabla 1.1 del capítulo 1. Esto fue lo que encontramos. El libro 1 tiene 33 ejercicios; el libro 2 tiene 19, todos ejemplos (no hay que producir *por/para*) y luego 31, 15 de ellos de producción (escribir en el espacio *por* o *para*); el libro 3 tiene 20.[6]

Entonces, una buena pregunta para autores/as de libros de texto y para maestros/as es: ¿Cuántos ejercicios tiene que hacer un estudiante para comprender *por* y *para*? Con lo que hemos visto de *para*, la respuesta sería que unos cien ejemplos de *para* no son demasiados. Por el contrario, podrían ser insuficientes. Por lo que hemos visto de *por*, se tendría que hacer unos 500 ejercicios de *por* para empezar a saber por dónde va el asunto. De hecho, un maestro/a con una década de experiencia debería de saber que ese número varía mucho dependiendo del estudiante, pero que 100 y 500 no son demasiados para casi ningún aprendiz. Es más fácil que ese cálculo sea conservador que liberal. O sea, que un estudiante promedio necesitaría por lo menos 100 ejercicios para entender *para* y por lo menos 500 para entender *por*. 'Entender' es algo muy vago. Esta propuesta debería llevar a que se explore y se investigue la enseñanza y adquisición de *por* y *para* de una manera muy distinta a como se ha hecho hasta ahora.

Aun si resulta que punto final es aproximadamente del 94% al 97% de los usos de *para* (como lo muestran Guntermann (1992), Lafford y Ryan (1995) y Pinto y Rex (2006) si se agrupan los distintos usos de *para* que se pueden fusionar en punto final), determinar punto final es una abstracción que requiere ver ejemplos distintos de punto final más por docenas (tal vez por centenas) que por unidades.[7] De hecho, el aprendiz no solo tiene que captar la abstracción de punto final en español. También tiene que estar consciente de que el español distingue entre 'punto final intencional' (*para*) y meta lograda. Considérese esta traducción al español de una oración de *The Hunger Games*, una novela escrita por Suzanne Collins.

Por *y* para *en* Hotel Pekín   23

(4) Los más valientes se internaban en el bosque para recoger manzanas.[8]

Un lector/a sin una comprensión profunda de *para* y *a* podría pensar que esta traducción es impecable. Como maestro y lingüista, propongo este cambio:

(5) Los más valientes se internaban en el bosque a recoger manzanas.

Viniendo de la versión en inglés, es fácil traducir 'to harvest apples' como 'para recoger manzanas'. Sin embargo, hay una regla del español según la cual los verbos de movimiento tienen un objeto preposicional que se introduce con 'a'. Eso es difícil de ver en 5. Pero si cambiamos 'se internaban' (el cual es un verbo de movimiento, aunque esto no es fácil de ver a primera vista) por el verbo de movimiento prototípico (*ir*), tendríamos las siguientes oraciones. Obsérvese que es más claro ver por qué *a* es mejor en la oración 6d que en la oración 6b:

(6) a Los más valientes iban al bosque para recoger manzanas.
    b Los más valientes iban al bosque a recoger manzanas.
    c Los más valientes iban para recoger manzanas.
    d Los más valientes iban a recoger manzanas.

Un hablante nativo/a podría no notar que 6b es preferible a 6a, especialmente si no ve 6b. Como lingüista y sobre todo como maestro/a de español como L2, este autor notó inmediatamente que 'para recoger manzanas' parece un anglicismo y que la regla de que el objeto de los verbos de movimiento lo introduce la preposición *a* explica por qué lo es. Los Ngrams de 'fue a recoger' fueron 0,0000057023% mientras que los Ngrams de 'fue para recoger' fueron 0,0000000452%. Si dividimos 57023 entre 452, esto sugiere que se usa *para* por cada 126 veces que se usa *a*.

3.3 Conclusiones

Este capítulo ha mostrado que una frase preposicional con *por* o *para* (por mi amada vs. para mi amada) debe ser *para* si esa frase expresa punto final. Por ejemplo, *estas flores son para mi amada* tiene sentido, pero *estas flores son por mi amada* no tiene sentido. Si se entiende la abstracción de punto final para expresar destino (punto final en el espacio), fecha límite (punto final en el tiempo), propósito, meta, objetivo, recipiente o uso, una frase preposicional con *para* expresa punto final cerca del 95% de las veces. Si esa frase no expresa punto final, la probabilidad de que sea *por* es aproximadamente

24 Por *y* para *en* Hotel Pekín

el 95%. Desde la perspectiva de la comprensión (al leer o al escuchar), el aprendiz está invitado a observar si el uso de *para* en la escritura expresa punto final y si el uso de *por* expresa algo distinto de punto final. Desde la perspectiva de la comprensión, la elección suele ser una dicotomía. Otros capítulos mostrarán que desde la perspectiva de la producción, el aprendiz del español tiene que pensar no solamente en *por* y *para*, sino también en *a, en, de*, ninguna preposición (véase el final del capítulo 7) y en preposiciones más precisas, como observó Whitley (2002:205): *Durante, a través de, a favor de*, etc.

Notas

1 *Por* y *para* no son una verdadera dicotomía cuando el nativo/a del inglés que 'adquiere' español usa *por* o *para* por influencia del inglés o por influencia de reglas para *por* basadas en el inglés. En este último caso, ese nativo está aprendiendo y no adquiriendo el español. Por ejemplo, cuando se enseña en los libros que uno va a Europa 'por avión' o 'por barco'. Ya explicamos que se viaja en avión o en barco. O cuando se dice que alguien 'vivió en Costa Rica por tres años', cuando la mayoría de los nativos/as diría que 'vivieron en Costa Rica tres años' o 'vivieron tres años en Costa Rica'. La última opción es tal vez preferible por tener el sintagma preposicional (en Costa Rica) al final. Es verdad que las cartas se enviaban por avión y se puede enviar un paquete por barco, pero la mayoría de la carga se transporta en barco.
2 En un archivo en pdf de *Cien años de soledad* (de 276 páginas) de la biblioteca digital de Cuba se encuentran 28 ocurrencias de 'para siempre' y ninguna de 'por siempre'. Es razonable conjeturar que 'para siempre' quiere decir hasta el último punto en el tiempo. Eso es no solo un punto final, sino también un encuentro del espacio y del tiempo. La catalogamos como una expresión memorizada por ahora. (http://bdigital.bnjm.cu/docs/libros/PROC2-435/Cien%20anos%20 de%20soledad.pdf)
3 Si *por última vez* no está en ninguna lista de expresiones con *por*, es posible que *por último* esté en algunas. Cuando se entiende bien el neutro (*lo, eso, esto, aquello, todo*, etc.), se entiende por qué *por último* parece menos transparente que *por última vez*, pero en el fondo son lo mismo. Si *por enésima vez* es frecuencia y siempre *por*, *por primera vez* y *por último* son la misma regla: Frecuencia. El punto principal del neutro es que se refiere a un sustantivo no especificado para género ni para número. Por ejemplo, las cosas que te interesan o la cosa que te interesa se expresa como *LO que te interesa*.
4 Una búsqueda en Google el 7 de marzo del 2018 de *la primera vez que fui a la capital* produjo 10 resultados, todos ellos en un sitio del Internet distinto, y al parecer escritos por nativos (dos de los sitios son de España), o por lo menos por alguien que ha publicado (Sukaina Benomar, cuyo nombre no es claramente hispano, pero parece alguien que ha escrito bastante o por lo menos parece que escribe bien). *Fui a la capital por primera vez* produjo cuatro resultados, dos de la misma noticia en un sitio distinto. *Fui a la capital por la primera vez* no produjo ningún resultado. Ngram de *por primera vez* = 0.0034106552; Ngram de *por la primera vez* = 0.0000434675

Por *y* para *en* Hotel Pekín   25

5 Obsérvese la diferencia entre 'no hay que ver para creer' y 'un contraste mejor explicado es más fácil de ver'. 'Más fácil para ver' es un anglicismo fácil de predecir.
6 El libro 1 es de VHL, 2016 (*Vistas*, 3a ed.); el libro 2 es de McGraw Hill, 2005 (*Sol y viento*); el libro 3 es de Pearson 2009 (*Anda*).
7 Guntermann (1992:181) escribe que la suma de los usos correctos de propósito y beneficiario constituye el 80% de los usos de *para* de los participantes de su estudio. En Pinto y Rex (618), propósito y beneficiario suman 97,2% en el nivel 1 y 95,8% en el nivel 4. Ellos fusionan 'propósito' y 'uso', pero mantienen separado 'para que'. En el capítulo 7 nos referiremos a estos estudios con más detalles.
8 La oración en el original es: 'In the fall, a few brave souls sneak into the woods to harvest apples'.

Bibliografía

Bull, William E. 1984[1965]. *Spanish for teachers. Applied linguistics*. Malabar, FL: Robert E. Krieger Publishing Company.

Delbecque, Nicole. 1996. Towards a cognitive account of the uses of the prepositions *por* and *para* in Spanish. *Cognitive linguistics in the redwoods. The expansion of a new paradigm in linguistics*, ed. by Eugene H. Casad, 249–318. Berlín: Mouton de Gruyter.

Gamboa, Santiago. 2009. *Hotel Pekín*. México, DF: Editorial Planeta México.

Gili Gaya, Samuel. 1985[1961]. *Curso superior de sintaxis española*. 15a reimpresión. Barcelona: Vox.

Guntermann, Gail. 1992. An analysis of interlanguage development over time: Part 1, *por* and *para*. *Hispania* 75.177–87.

Lafford, Barbara A., and John M. Ryan. 1995. The acquisition of lexical meaning in a study-abroad context. The Spanish prepositions *por* and *para*. *Hispania* 78.528–47.

Lunn, Patricia V. 1987. *The semantics of* por *and* para. Bloomington, IN: Indiana University Linguistics Club.

Michel, Jean-Baptiste; Yuan Kui Shen; Aviva Presser Aiden; Adrian Veres; Matthew K. Gray; The Google Books Team; Joseph P. Pickett; Dale Hoiberg; Dan Clancy; Peter Norvig; Jon Orwant; Steven Pinker; Martin A. Nowak; and Erez Lieberman Aiden. 2010. Quantitative analysis of culture using millions of digitized books. *Science*. Publicado en la red. (https://www.google.com/search?client=firefox-b-d&q=ngram).

Pinto, Derrin, and Scott Rex. 2006. The acquisition of the prepositions *por* and *para* in a classroom setting. *Hispania* 89.611–22.

Whitley, M. Stanley. 2002. *Spanish/English contrasts* (2nd ed.). Washington, DC: Georgetown University Press.

4 ¿Será que las reglas de *por* hay que ponerlas patas arriba?

4.1 ¡*Por* está por todas partes!

¿Habrá una generalización de *por* tan buena como la de *para* para expresar punto final? Eso sería demasiado bueno para ser cierto. El número típico de reglas de *por* en un libro de español como L2 es de siete a diez y hay libros que listan hasta 15 reglas.[1] Las siguientes cinco reglas vienen del libro que estaba literalmente más a la mano del autor cuando escribía esta sección. Tenemos cinco reglas, pero una de ellas es 'otros usos'. Si miramos cada regla y contamos las preposiciones/frases preposicionales (*on behalf of, in exchange for*) que le explican al anglohablante cada regla, tenemos en total doce preposiciones, de las cuales podemos decir que *because of* (porque) es equivalente a *due to* (debido a, a causa de), lo cual reduciría las preposiciones a once.

(1) a Indicar movimiento por el espacio o tiempo (along, through, during, in)
    b Expresar un medio (by, by means of)
    c Expresar una causa (because of, due to, on behalf of)
    d Indicar un cambio, sustitución (in exchange for)
    e Otros usos (in favor of, for the sake of)

Durante el proceso de revisión se consultó otro libro en su segunda edición (publicado por Thomson y Heinle en el 2007). Este libro tiene seis reglas, todas ellas parafraseadas con preposiciones. Todas las preposiciones eran iguales a las del libro anterior, excepto 'in favor of' o 'for the sake of'. Otro libro en su quinta edición (publicado por Pearson en el 2010) tenía diez preposiciones en su explicación de *por*. Un tercer libro del 2016 (5a edición) tenía 15 preposiciones distintas para explicar las reglas de *por*.

    Lo que muestran las cinco reglas anteriores es el atomicismo de las reglas, al cual ya nos hemos referido cuando redujimos de 69 a 12 el número de palabras necesario para expresar las reglas de *para* (véanse la Tabla 1.1 y

Las reglas de por *patas arriba*   27

la Tabla 1.2). ¿Puede un hablante nativo o un aprendiz del español como L2 computar en el instante del habla todas estas reglas? No. Esta explicación no es una explicación 'aprendible' de *por*. Para colmo de males y como es de predecir, estas reglas no explican otros usos de *por*. Por ejemplo, ¿cuál regla aplicaríamos para expresar que la velocidad promedio cerca de una escuela es de unos 24 km por hora? ¿O que el interés típico de un préstamo de vivienda en los EE.UU. en el 2019 es del cinco por ciento anual o menos, si se tiene excelente crédito? Por otro lado, es comprensible que no se incluyan todos los usos posibles de *por*, pues esa no sería una regla sino una lista de usos. El libro del cual sacamos las reglas de 1a–e es un libro para '*Beginning Spanish*', como se indica en el subtítulo del libro. Por cierto que también faltaría una regla para explicar *por primera vez*, *por enésima vez* y *por última vez*. Y *por último*, por supuesto. Pero es suficiente por ahora. Por suerte, cuando conectamos algunos ejemplos, algunas veces se puede ver un patrón. Aunque *por último* parece una expresión memorizada, es parte de un patrón cuando la conectamos con *por primera vez*, *por enésima vez* y *por última vez*. *Por enésima vez* muestra más claramente frecuencia que por primera vez y por última vez. Entonces la velocidad en una autopista es la cantidad de kilómetros recorridos en una hora (los km por hora), la cual es una frecuencia. Esta explicación de frecuencia parece más razonable que la de Lunn (1987:66), según la cual el uso de *por* en un tren que viaja a 200 km por hora se debe a que "Here, the number of kilometers traveled in an hour 'fill up' that time period".

4.2 Las reglas de *por* necesarias para explicar 62 ejemplos de *Hotel Pekín*

Las reglas que construimos con los 62 ejemplos de *por* de *Hotel Pekín* nos dan buenas razones para pensar que efectivamente las reglas de *por* hay que ponerlas patas arriba, pues esas reglas se parecen poco a las reglas de 1a–e. En el capítulo que sigue agregaremos 100 ejemplos de *por* de *Cien años de soledad*, una novela escrita por García Márquez (2017[1967]); otros 100 de *El sueño del celta*, una novela escrita por Vargas Llosa (2010) y tres grupos de 100 oraciones cada uno, sacados de Corpes XXI (2019). Veremos si hay que cambiar las reglas que formulamos para explicar los 62 ejemplos de *por* en la novela de Gamboa (2009).

4.3 Conclusiones

Este corto capítulo se puede concluir con una tabla que muestra las reglas necesarias para explicar los primeros 62 ejemplos de *por* que encontramos en la novela *Hotel Pekín*, en contraste con las reglas de un libro subtitulado

28 *Las reglas de* por *patas arriba*

Tabla 4.1 Las reglas de *por* en *Hotel Pekín* y en un libro subtitulado *Beginning Spanish*

Reglas para explicar las oraciones con por *en* Hotel Pekín	*Reglas de* por *en un libro subtitulado* Beginning Spanish
Agente de voz pasiva/de estado resultante 27,41%	Expresar un medio (by, by means of)
Causa, motivo, razón 24,19%	Expresar una causa (because of, due to, on behalf of)
Intervalo de espacio/de tiempo 25,80%	Indicar movimiento por el espacio o tiempo (along, through, during, in)
Expresiones memorizadas 12,90%	Otros usos (in favor of, for the sake of)
Frecuencia, porcentaje, precio, velocidad 6,45%	Indicar un cambio, sustitución (in exchange for)
Verbo + *por*: luchar, esforzarse, dar, estar, decidir, acabar, interceder, preguntar, terminar, hacer, reemplazar 3,22%	

Beginning Spanish. Tratamos de aparear las reglas del libro con las reglas que propusimos para *por*. En el siguiente capítulo exploramos *por* con más detalle.

Nota

1 Es muy tentador escribir 'un libro para español como segunda lengua' para usar *para*. Aunque un libro para español podría ser el resultado de elidir *enseñar* (un libro para enseñar español), un libro de español como L2 es mejor. Si uno tiene un libro y alguien le hace la pregunta de (i), la respuesta de (ii) es muy apropiada, pero la de (iii) es algo que un nativo/a no diría.

(i)   —¿Qué tienes ahí?
(ii) —Un libro de español.
(iii) —*Un libro para español.

En lingüística, un asterisco (*) significa que la oración es agramatical o que los hablantes no la dicen/escriben.

Bibliografía

Corpes XXI. 2019. Online: www.rae.es/recursos/banco-de-datos/corpes-xxi.
Gamboa, Santiago. 2009. *Hotel Pekín*. México, DF: Editorial Planeta México.
García Márquez, Gabriel. 2017[1967]. *Cien años de soledad*. Online: http://bdigital. bnjm.cu/docs/libros/PROC2-435/Cien%20anos%20de%20soledad.pdf.
Lunn, Patricia V. 1987. *The semantics of* por *and* para. Bloomington, IN: Indiana University Linguistics Club.
Vargas Llosa, Mario. 2010. *El sueño del celta*. Bogotá: Alfaguara.

5 *Por* en *Hotel Pekín*, en *Cien años de soledad*, en *El sueño del celta* y en tres grupos de 100 ejemplos cada uno de Corpes XXI (C1, C2, C3)

5.1 Introducción

¿Por dónde seguimos? ¿Por dónde agarramos *por*? ¿Por dónde empezamos a explicarlo un poco mejor? Puesto que las reglas de *por* que propusimos para explicar los 62 ejemplos que encontramos en *Hotel Pekín* parecían muy distintas a las reglas de un libro de texto típico, el siguiente paso era ampliar un poco la muestra. Para hacerlo, sacamos 100 ejemplos contiguos de *por* de *Cien años de soledad* porque en el momento en el cual se escribía este capítulo se cumplían 50 años de la publicación de ese libro de Gabriel García Márquez, ganador del premio Nóbel de literatura. También sacamos otros 100 ejemplos contiguos de *El sueño del celta*, una novela escrita por el escritor peruano Mario Vargas Llosa, quien también se ganó el Premio Nóbel de literatura por su trabajo. Además, sacamos tres grupos de 100 ejemplos cada uno de oraciones con *por* de Corpes XXI. La Tabla 5.1 muestra los datos de los 62 ejemplos de *Hotel Pekín* (1), los 100 ejemplos de *Cien años de soledad* (2), los 100 ejemplos de *El sueño del celta* (3) y los 300 ejemplos de Corpes XXI. C1 es el grupo 1, C2 el grupo 2, etc.

5.2 ¿De dónde vienen las reglas de los libros de texto?

Las reglas de los libros de texto parecen venir del trabajo seminal de Lunn (1987).[2] Pinto y Rex (2006:614) escriben:

> One of the challenges in analyzing P&P is the elaboration of a taxonomy of the functions of the two prepositions. To facilitate comparison between our results and those from previous studies, we do not deviate significantly from the taxonomy of Guntermann (1992) and Lafford and Ryan (1995), which was based on Lunn (1985).[3] One change we made for the classification of *para* was that we collapsed the purpose and

30 Por *en 100 ejemplos de Corpes XXI*

Tabla 5.1 Porcentaje por regla de *por* en *Hotel Pekín* (1), en *Cien años de soledad* (2), en *El sueño del celta* (3) y en tres grupos de 100 ejemplos cada uno de Corpes XXI (C1, C2, C3)

	1	2	3	Prom: 1–3	Prom: C1–C3	C1	C2	C3
Causa, motivo, razón	27,41	24	29	26,8	34,66	39	31	34
Agente	24,19	36	27	29,06	21,33	18	8	38
Intervalo de espacio/tiempo	25,8	27	13	21,93	32,33	39	42	16
Expresiones memorizadas	12,9	6	12	10,3	6	2	6	10
Verbo + *por*	6,45	3	11	6,81	2,6	1	7	
Frecuencia, porcentaje, precio, velocidad	3,2	4	8	5,06	3	1	6	2

Notas: La columna cinco presenta el promedio de 1, 2 y 3. La columna seis el promedio de C1, C2, C3. Las oraciones de *Cien años de soledad* se encuentran en el Apéndice A; las de *El sueño del celta* en el Apéndice B; los datos de Corpes XXI se encuentran en el Apéndice C.

intended-use categories to one, as there appeared to be no independent reason to separate the two. This is similar to how Lunn (1985:87) originally posits this function of *para*.

Vamos a referirnos a cada una de esas reglas por partes. Lo primero que salta a la vista es que agente de la voz pasiva no aparece en la taxonomía de Pinto y Rex, aunque obviamente está en Lunn (65). La razón por la cual no aparece podría ser que los estudios de la adquisición de *por* y *para* (Guntermann 1982, Lafford y Ryan 1995, Pinto y Rex 2006) se concentraban en el nivel 'Novice' e 'Intermediate', hasta cierto punto. La intuición general es que la voz pasiva hay que evitarla o que solo se menciona en la segunda mitad del libro. *Vistas* (Vista Higher Learning, 5a edición) presenta el se pasivo, el mejor equivalente en español de una oración pasiva en inglés en la página 350 (el libro tiene 642 páginas, más otras 62 de apéndices, índices y mapas). Al final del capítulo 7 retomaremos este asunto, pues *cómo te llamas* es una oración con se pasivo en español y todos sabemos que *me llamo, te llamas, se llama* aparece en la primera o en la segunda página de cualquier libro para principiantes. Cuando enseñamos que *me llamo Alicia* es *my name is Alicia* estamos enseñando una función básica de la lengua como si fuera una expresión memorizada. Si *este libro se publicó en el 2019*, el SE quiere decir que el libro fue publicado (voz

Por en 100 ejemplos de Corpes XXI   31

Tabla 5.2 Taxonomía de Pinto y Rex (2006:614), con ejemplos

Duration	*Por mucho tiempo, por tres años*
Motive	*Gracias por, vamos por un café*
Exchange/substitution	*Trabajar por mí, $10 por el vaso*
In time span	*Por la mañana*
Medium	*Por teléfono*
Formulaic Expressions	*Por supuesto, por eso*

Tabla 5.3 Reglas de *por* propuestas en este libro vis-à-vis las reglas de Pinto y Rex (614)

Reglas de por *propuestas en este libro*	*Usos de* por *en Pinto y Rex (2006)*
Agente de la voz pasiva/agente de estado resultante	
Intervalo de espacio/de tiempo	Duration; in time span; medium
Causa, motivo, razón	Motive
Expresiones memorizadas	Formulaic expressions
Frecuencia, porcentaje, precio, velocidad	Exchange/substitution
Verbo + *por*:	
Cambiar *x* por *y*, dar por, estar por, terminar por, etc.	

pasiva) y crucialmente que el libro es el publicado, no el publicador. ¿Cuál es la verdadera explicación de *me llamo Alicia*? ¿No es verdad que *me llamo Alicia* es equivalente a *soy llamada Alicia*? Es verdad que nadie dice eso, precisamente porque el se pasivo bloquea la producción de esa voz pasiva.[4] El *me* de *me llamo Alicia* quiere decir que Alicia es la llamada, lo cual es precisamente lo que se expresa (es expresado) con esta estructura.

5.2.1 *Agente de la voz pasiva o agente de un estado resultante*

Para empezar, es interesante observar el uso tan prominente de la voz pasiva (o de un estado resultante): 36% y 38% son dos de los tres usos más altos en una muestra de 562 ejemplos de *por* para expresar el agente de la voz pasiva (1a) o el agente de un estado resultante (1b). Obsérvese que 1b puede explicarse como causa.[5] Sin embargo, si recordamos la regla de elisión, vemos lo que hay más allá de la superficie: El zorro estaba fatigado por haber subido la cuesta. Hemos agregado [el cual estaba] para mostrar la diferencia entre la voz pasiva y el estado resultante. [El cual estaba] se omitió en 1b porque en efecto hay una regla que permite omitir la cópula (el verbo *ser* o *estar*)

32 Por *en 100 ejemplos de Corpes XXI*

si no es necesaria en la oración. Esa regla solía llamarse la 'transformación' de reducción de la cópula cuando la gramática transformacional de Noam Chomsky estaba en sus mejores momentos, por allá por los años 1970, por esos años en los cuales *Cien años de soledad* también fue uno de los catalizadores del 'boom' de la literatura latinoamericana.

(1) a La carta fue enviada por el embajador de Irlanda en Piura.

b En eso llegó el zorro, [el cual estaba] fatigado por haber subido la cuesta a la carrera.

La oración 1b puede explicarse como causa. También puede explicarse como resultado. El hablante puede no estar consciente de cuál regla se aplica. Por otro lado, si en lugar de *por* usáramos *para*, el significado cambiaría. Si lo hacemos, también tenemos que ajustar un poco la oración, cambiando 'por haber subido' por 'para subir':

(2) En eso llegó el zorro, fatigado para subir la cuesta a la carrera.

Obsérvese que el ejemplo 1b está orientado hacia el pasado. La fatiga del zorro viene de haber subido la cuesta a la carrera. Pero si quisiéramos usar *para*, ahora 'para subir la cuesta' sería la meta que tiene el zorro. O sea, que es la meta del zorro, la cual él no ha alcanzado.

Este punto se mencionó porque es un buen momento para una buena observación sobre punto final en contraste con causa, motivo o razón. Ya estará claro para muchos lectores/as que *para*, por expresar punto final, está orientada hacia el futuro. Si alguien le pregunta a un amigo/a qué hizo el día anterior, estas son dos respuestas posibles:

(3) a Ayer iba para la biblioteca cuando me encontré con Alicia y fuimos a tomarnos un café.

b Ayer fui a la biblioteca.

c *Ayer fui para la biblioteca.

d *Ayer iba a la biblioteca.

En lingüística, un asterisco (*) significa que la oración es agramatical o que los hablantes no la dicen/escriben.

3a expresa un evento imperfectivo. Es posible que el hablante no haya ido a la biblioteca porque cuando iba en camino, algo le ocurrió y pudo haber no ido a la biblioteca. Los lectores familiarizados con la distinción de pretérito e imperfecto en español (y en otras lenguas) verán por qué no solo el imperfecto es imperfectivo; o sea, incompleto. *Para* también es una preposición imperfectiva. No sabemos si el hablante llegó o no a la biblioteca. Lo que

Por *en 100 ejemplos de Corpes XXI*   33

importa es que *para* tiene que usarse en el momento en el cual el hablante nos dice que se dirigía a la biblioteca. Un lector/a atento podría preguntarse por qué usamos *a* con *dirigirse*. *Dirigirse* a la biblioteca ya codifica la imperfectividad de ir a la biblioteca. Si alguien se dirigía a un lugar, no sabemos si llegó. En contraste con 3a, 3b es perfectiva por el pretérito y por el uso de *a*. Esto se ve muy claro en 3c, ejemplo que los nativos/as no dicen o cuya frecuencia debe ser mucho más baja que la de 3a y 3b porque la perfectividad (es decir, la completud) de *fui* choca ('clashes') semánticamente con el significado imperfectivo de *para*. En 3d, la imperfectividad de *iba* choca semánticamente con la perfectividad de *a*. Si el hablante fue a la biblioteca, estuvo en la biblioteca; si el hablante iba para la biblioteca, pudo no haber llegado y entonces no estuvo en la biblioteca.

Como se ha observado desde hace mucho tiempo, *para* está orientada hacia el futuro, como se entiende por lo que hemos explicado hasta ahora (su objeto expresa destino final en el espacio/tiempo, meta, objetivo, propósito, recipiente, uso). Por otro lado, *por*, por expresar primordialmente causa, está orientada hacia el pasado. Eso nos permite ver una conexión entre causa, motivo, razón y agente de la voz pasiva o de un estado resultante. Aunque hay oraciones pasivas que se refieren al futuro y uno puede expresar con *por* situaciones o eventos en el futuro, la mayoría de los usos de *por* deben de referirse al pasado. Este es un asunto provocativo para investigarse.

Si el lector mira los ejemplos de voz pasiva y estado resultante de *Cien años de soledad* en el Apéndice A, va a observar un par de detalles interesantes. Primero, la cópula se omite muchas veces. Segundo, esa omisión de la cópula hace un poco difícil (para decir toda la verdad, muy difícil) ver si lo que se expresa es la voz pasiva o un estado resultante. Esa es una ambigüedad interesante del español que muestra que las ambigüedades no siempre son un problema. No importa si es voz pasiva o estado resultante; la preposición es *por* y el significado está claro. De hecho, nos gustaría hacer una conjetura que podría ser un buen tema de investigación: Agente de la voz pasiva y del estado resultante es una forma abstracta de causa, motivo, o razón. Causa y agente son el 51,6% en *Hotel Pekín*, el 56% en *El sueño del celta* y el 60% en *Cien años de soledad*. El promedio de causa y agente en estos tres libros es 55,86%; el promedio en los 300 ejemplos de Corpes XXI es 55,99%.

5.2.2 Duración de tiempo o intervalo en el espacio.
O cómo lo que se ve en la superficie puede
estar ocultando la verdadera regla

La regla según la cual se usa *por* si se expresa duración de tiempo podría ser una regla con muy poca frecuencia. En los libros de texto se expresa esta regla como una regla que 'expresa duración'. Si *por/para* expresa duración

34   Por *en 100 ejemplos de Corpes XXI*

(se puede reemplazar con 'during' en inglés), entonces es *por*. *During* es la tercera preposición que se menciona en la regla 1 del libro subtitulado *Beginning Spanish*, al cual nos referimos antes. El autor de este libro se levanta temprano por la mañana y hace la mejor parte del trabajo del día por la mañana. Por la tarde, le gusta tomar una siesta. Por desgracia, casi nunca tiene tiempo para hacerlo. ¿O será tiempo de hacerlo?[6]

Aunque los ejemplos que acabamos de dar son usos auténticos de *por*, se abusa mucho, por influencia del inglés, de este uso de *por* para expresar duración de tiempo. ¿Qué haría un maestro/a atento/a si ve oraciones como estas en la escritura de estudiantes?

(4) a Viví en Costa Rica por cuatro meses.
     b Ayer estudié por tres horas para una de mis clases.
     c Te esperé por toda la mañana, pero no apareciste.
     d Después del almuerzo, voy a tomar una siesta por media hora.
     e Los esposos vivieron felices por el resto de la vida.[7]

Si no se ve el problema, aquí está la pista. Los nativos suelen omitir *por* en oraciones como las anteriores, como lo notaron Guntermann (181), Lafford y Ryan (536), y Pinto y Rex (616) en la discusión de la tabulación de sus datos. En 4d, dirían que van a 'tomar una siesta de una media hora'.[8] Obsérvese la diferencia con ejemplos similares a los de 4a–e:

(5) a Para escribir un libro hay que levantarse temprano por la mañana.
     b Otra opción es hacer parte del trabajo por la noche.
     c Si se hace lo anterior, se puede tomar una siesta por la tarde.
     d No se puede ir por la vida engañándose uno mismo.

Lo que ha ocurrido es que por influencia del inglés, se usa *por* + *duración de tiempo* muchas veces cuando los nativos no usarían *por*. Es verdad que se usa *por* cuando el objeto expresa duración de tiempo, pues este uso de *por* expresa un INTERVALO de tiempo, el cual parece ser un significado central de *por*. Lo interesante es que cuanto más claro es el intervalo, menos se requiere *por*. O, para expresarlo mejor, tiene que usarse *por* si su ausencia haría que la frase no expresara un intervalo. Por ejemplo, tiene sentido decir que *trabajamos mejor por la mañana*, pero no tiene sentido decir que **trabajamos mejor la mañana*. A menos que agreguemos algo más. Por otro lado, se puede decir que alguien *trabajó toda la mañana*. Obsérvese que *toda la mañana* es claramente un intervalo. Por lo tanto, la predicción de esta explicación es que la frecuencia de *trabajó por toda la mañana* debería ser muy baja y tal vez restringida a influencia del inglés.

Si es verdad que el uso de *por* para expresar un intervalo de tiempo es un uso relativamente poco frecuente de esta preposición, es de notar que la

Por *en 100 ejemplos de Corpes XXI* 35

'extrapolación' de este uso al espacio sí tiene una frecuencia relativamente alta en español. Tan alta, que una regla de intervalo de espacio explica el 21% en 100 ejemplos de *por* en *Cien años de soledad*, mientras que intervalo de tiempo es solo un 6%. Veintiún casos de intervalo de espacio es el 77,77% de los 27 usos de intervalo de espacio y tiempo. Esa inversión tiene sentido porque como se ha observado, 'on the localist assumption that the spacial meanings are the most basic meanings' (Lunn 1987:39), los significados de espacio se extrapolan a significados de tiempo. Sin embargo, tal vez por la 'transparencia' de *durante* y porque un intervalo de espacio es una abstracción que no se ve hasta que no se pone en perspectiva, aquí pareciera que lo básico es el tiempo y el espacio es la noción derivada.[9] Esa es una mera ilusión. Entonces, para corregir lo expresado en la primera oración de este párrafo, el uso de *por* para expresar un intervalo de espacio se extrapola al tiempo y no al contrario. Para conectar esta extrapolación con la de punto final, un punto final en el tiempo (una fecha límite) es una extrapolación de un punto final en el espacio (un destino). De la misma manera, un intervalo de espacio se extrapola a un intervalo de tiempo, como lo mostrarán muchos ejemplos que procedemos a discutir.

Debe de ser muy fácil hasta para un estudiante de la escuela primaria que toma español entender que los siguientes ejemplos muestran el uso de *por* para expresar un intervalo de tiempo; o sea un fragmento de tiempo.

(6) a Exponerse un poco al sol por la mañana es bueno para la salud.
    b Exponerse al sol por la tarde no es bueno para la salud.
    c En un país tropical, uno no puede exponerse al sol por la noche.

Después de ver estos tres intervalos de tiempo (de unas tres a cuatro horas los dos primeros y de unas 12 horas el tercero), un estudiante debe entender cómo el ejemplo de 7b es una extrapolación al tiempo del intervalo de espacio en 7a. Muchos maestros/as reconocerán que los ejemplos de 7 son típicos de libros de texto. El ejemplo de 7a suele explicarse como 'by the park, through the park'; 7b suele explicarse como 'during the night, through the night'.

(7) a Por el parque
    b Por la noche

Si usamos INTERVALO en la regla, un aprendiz de español podrá ver cómo el intervalo de espacio expresado en 7a es similar al intervalo de tiempo expresado en 7b. También es de notar que *por el parque* funciona tanto para el significado de 8a como de 8b:

(8) a Caminamos 30 minutos por el parque.
    b Fuimos por el parque al Teatro Bolivia.

36 Por *en 100 ejemplos de Corpes XXI*

Ahora un estudiante de español al final de su primer año de estudio entenderá que todos los ejemplos que siguen son intervalos de espacio; o sea, fragmentos de espacio. Áreas, para expresarlo de otra manera. Obsérvese el doble efecto de presentar un patrón con varios ejemplos claros, relevantes y en orden de concreto a abstracto, cuando es posible: Es más fácil ver el concepto de intervalo de espacio y no hay necesidad de invocar que algunas de estas expresiones son memorizadas, pues su significado es la suma del significado de cada una de las palabras. De hecho, lo que hace que estas expresiones sean composicionales es que cada una de las palabras se refiere a un lugar, el referente suele ser concreto (aunque puede expresar una abstración) y las palabras pertenecen a distintas categorías: *Aquí, abajo, arriba, fuera, dentro, delante* son adverbios; *izquierda* y *derecha* son adjetivos (sustantivados en este caso) y las otras palabras son sustantivos.

En el capítulo 6 se contrastarán pares (cuasi) mínimos de *por* y *para*. Por ejemplo, un estudiante estaba leyendo este libro, pero tiene que parar la lectura *por hoy* porque son las 10:00 p.m. y tiene que hacer un ejercicio en la red que tiene que estar terminado antes de las 12:00 de la noche, pues ese ejercicio es *para hoy*. Como hablante nativo, el autor se da cuenta de que este par mínimo (por hoy vs. para hoy) podría no expresarlo así un nativo. Aunque dejar de hacer algo por hoy parece algo que diría un nativo/a, el hecho de que el ejercicio sea para hoy tal vez se exprese diciendo que el ejercicio hay que entregarlo hoy. *Es todo por hoy* debe de ser una expresión con una frecuencia más alta que *este trabajo era para entregarlo hoy*, pues esta última oración se puede expresar fácilmente sin *para: Este trabajo hay (o había) que entregarlo hoy.*[10] De hecho, como el nativo/a no ve la necesidad de pensar en *por* y *para* como una dicotomía, es razonable pensar que el uso de *para* en este caso sea el resultado de exagerar un poco esa dicotomía para que los aprendices la entiendan mejor. Por suerte, el uso un poco excesivo de *para* no parece haber introducido errores tan imperdonables como los que se han introducido con *por* (*viajar por avión; estudiar (*por) tres horas para un examen, etc. Esta notación significa que la oración es agramatical con (*por), pero gramatical sin la preposición).

Ahora el lector/a está preparado para entender por qué los hispanohablantes decimos que nos comunicamos por teléfono. La regla que usan los libros es que *por* expresa *through, by, around*. Algunos ejemplos típicos son *por teléfono* 'by phone', *por la casa* 'around the house' y *por el parque* 'through the park'. Obsérvese que si algo pasa (o se tira) por la ventana, se puede invocar 'through'. Lo mismo ocurre si un rayo de luz pasa por un intersticio. Veamos ahora una buena muestra de ejemplos de intervalos de espacio en *El sueño del celta*. El número entre paréntesis indica la página en la cual se encuentra el ejemplo.

(9) a Iba caminando por el largo pasillo. (13)
     b Circulan ahora por todas partes. (15)

Por *en 100 ejemplos de Corpes XXI*   37

c Están por todo Londres. (15)
d Durante el recorrido por el largo pasillo . . . (16)
e Libros de viajes por el África . . . (22)
f Su fantasma deambulaba por el lugar. (22)
g Excursiones por aquella tierra áspera. (23)
h Los paseos por el campo. (23)
i La ventana enrejada por la que alcanzaba a divisar . . . (3)
j Abrir caminos por pasajes nunca hollados . . . por el hombre . . . (20)
k Vio, por las ventanas sin vidrios ni cortinas . . . (36)
l Incansable en los recorridos por el bosque . . . (45)

Obsérvese que varios de estos ejemplos parecen corroborar la hipótesis de que *por teléfono* es una extensión metafórica de circular por un pasillo, viajar por África, abrir caminos por pasajes nunca hollados, de hacer un incansable recorrido por el bosque o de mirar por ventanas sin vidrios ni cortinas.

Para terminar, la regla de 'means' ('medium' en Pinto y Rex) que se encuentra en los libros es una extrapolación de un intervalo de espacio. Recuérdese que esa regla no incluye los medios de transporte. Finalmente, obsérvese cuál es la historia que cuentan los números. Intervalo de tiempo es un 6% en 100 ejemplos de *Cien años de soledad*. En ese 6% hay dos usos de *por el resto de su vida*, que podrían expresarse simplemente con *el resto de su vida*. Por otro lado, intervalo de espacio es un 21%. O sea, de tres a cinco veces más el uso de *por* para expresar un intervalo de espacio que de tiempo. Estos números también apoyan la observación de que tiempo es una extrapolación de espacio. Intervalo de espacio se incluye en las reglas de *por*, pero de una manera 'Englishy'; simplemente con una traducción de preposiciones de espacio (¡que también son de tiempo!) en inglés (by the park, around the park, through the park), para citar ejemplos comunes en libros de texto. El famoso ejemplo con *por el parque, alrededor del parque* o *a través del parque* no es equivocado, pero es atomístico, como una frase lapidaria que es fácil de recordar (tal vez porque está en muchos libros). Esa explicación debería reemplazarse por las Tablas 5.4 y 5.5, las cuales toman un poco de espacio, pero son una buena inversión en la comprensión de *por*. Esas tablas muestran un patrón que no tiene que memorizarse porque es composicional, tiene sentido y hace la conexión entre espacio y tiempo, una conexión que se explota mucho en las lenguas. *Esta* explicación es mejor que la de *aquel* libro (espacio), es paralela a *esta* semana ha sido tan ocupada como *aquel* mes (tiempo) en el cual tuvimos exámenes finales y dos trabajos de quince páginas. Hay mucha sabiduría en eso del **aquí** y del **ahora**; del **allí** y del **entonces**.

38   Por *en 100 ejemplos de Corpes XXI*

Tabla 5.4 Por + frase nominal o *por + adverbio* para expresar intervalo de espacio

por el parque	*por la izquierda*	*por abajo/por debajo*
por el centro	por la derecha	por aquí/ por allí/ por allá
por la periferia	por este lado	por arriba
	por ningún lado	por atrás
	por el otro lado	por delante
	por todos lados	por detrás
	por la espalda (= por detrás)	por dentro
	por todas partes	por encima
		por fuera

Tabla 5.5 Por + adverbio o *por + frase nominal* para expresar intervalo de tiempo

Un intervalo de horas	*Un intervalo menos fácil de cuantificar*	*Un intervalo relativamente cuantificable de mes(es) o años*
por la mañana	por ahora	por semana santa
por por la tarde	por el momento	por abril
por la noche	por aquel tiempo	por esos años
por hoy	por aquel entonces	por esa época

5.2.3 *Causa, motivo, razón. O cómo la primera impresión puede ser una ilusión*

La segunda regla de *por* en Pinto y Rex (614) es la regla para expresar *motivo*. Esa regla debe expresarse en los libros como *causa, motivo, razón*. Esta regla es con seguridad (no 'por seguro') la regla más representativa del uso de *por*, por razones que veremos a continuación. Una regla de causa, motivo, razón explica también algunos casos de 'expresiones memorizadas' que no lo son, como 'por eso', 'por lo tanto', 'por consiguiente', etc. Cualquier profesor/a de español debe notar que *por eso* es una forma elíptica de expresar *por esa razón, por ese motivo. Por eso* no es una expresión memorizada en español; es causa, motivo o razón; si se nos perdona por repetir este punto por tercera o cuarta vez.

La regla de *causa, motivo, razón* es la tercera regla en frecuencia en los 100 ejemplos de *Cien años de soledad*. Hay un 14% de *porque* y un 10% de *por*. Si se miran los números de la Tabla 5.3, está claro que hay un grupo de tres reglas distintas de *por* que constituyen alrededor del 75% de sus usos. La pregunta es si esas tres reglas son en el fondo una regla. Intervalo de espacio y de tiempo parecen no tener una conexión clara con agente (de la

Por *en 100 ejemplos de Corpes XXI*   39

voz pasiva o de un estado resultante). Pero sí hay una conexión entre agente y causa. En lingüística se ha observado que la correlación entre sujeto y causa es del 100%. Es muy cerca del 100%, pero no es el 100%, pues en un ejemplo como 'los estudiantes les temen a los exámenes', la causa del temor es el objeto, no el sujeto.[11] Pero el agente de la voz pasiva es el sujeto y en ese sentido es el causante. Si juntamos un 36% de agente y un 24% de causa, tenemos un 60% de los usos de *por*.

5.2.4 *Expresiones memorizadas con* por

El cuarto uso más frecuente de *por* en esta muestra de *Cien años de soledad* son las expresiones memorizadas. En estos 100 usos de por hay seis expresiones memorizadas: Por fin (2), por entero, por completo (3 veces).

La Tabla 5.6 muestra a la izquierda expresiones memorizadas típicas con *por* que se encuentran en los libros de texto. De tres expresiones distintas encontradas en 100 usos contiguos de *por* en *Cien años de soledad*, solo una estaba en esta lista (*por cierto*). *Por entero* y *por completo* no estaban. Las expresiones de la derecha no son expresiones memorizadas, como hemos visto. Obsérvese que *por el otro lado* (= del otro lado; al otro lado) es composicional. De otro lado, *por otro lado* es una transición lógica que parece una abstracción basada en el significado concreto de 'lado', que por supuesto se 'metaforiza' en los lados de un argumento. Obsérvese la

Tabla 5.6 Expresiones con *por*: Memorizadas a la izquierda, composicionales a la derecha

Expresiones memorizadas con por	*Frases con* por *que NO son expresiones memorizadas*
por ejemplo	por abril
por favor	por ahora
por cierto (ciertamente)	por consiguiente (por esa razón)
por casualidad (¡= y ≠ casualmente!)	por desgracia (a causa de una desgracia)
por fin (finalmente)	por el otro lado
por Dios (¿a causa del amor a Dios?)	por un lado
por supuesto (≠ supuestamente)	por otro lado
por si acaso	por eso
por si las moscas	por lo general (a causa de una regla
por entero	general)
por completo (completamente)	por lo menos (frecuencia)
	por lo tanto (por esa razón)
	por lo visto (por las razones vistas)
	por suerte (debido a la suerte)

40   Por *en 100 ejemplos de Corpes XXI*

presencia/ausencia del artículo definido: *Por el otro lado* vs. *por otro lado*; *del otro lado* vs. *de otro lado*. *Al otro lado* no contrasta de la misma manera con *a otro lado*, pues la *a* de la última introduce el objeto de un verbo de movimiento: Habría ido a otro lado si Routledge no hubiera aceptado publicar este libro.

A primera vista, *por consiguiente* y *por lo tanto* parecen frases no composicionales que se aprenden de memoria. Si se piensa en ellas, es posible ver el significado lógico de 'sigue con' que hay en la primera, por lo menos. El no nativo/a que viene del inglés, por ejemplo, aprende que *por consiguiente* es 'therefore'. Aunque podría mostrarse la lógica detrás de la palabra en inglés, lo más probable es que las dos palabras se vean como unidades léxicas aisladas y la memoria (ayudada por la frecuencia) es suficiente. Una exploración detallada podría ayudarnos a entenderlas mejor. Podría ser que para efectos de la enseñanza del español como una L2 sea más expedito listarlas como expresiones memorizadas, por lo menos en los primeros niveles.

5.2.5 Algunos 'inclasificables' (verbo + por)

Podría ser que esta preposición la requieren unos cuantos verbos. Por ejemplo:

Abogar por (¿A causa de?)
Acabar por (= terminar por)
Brindar por (¿A causa de?)
Cambiar (a) X por Y (= sustituir (a) X por Y)
Dar por (darle a alguien por explicar *por* y *para*)
Empezar por
Esforzarse por
Estar por (cf. estar para salir vs. estar por salir).
Ir por algo a la tienda (ir a la tienda porque se necesitaba algo)
Luchar por (¿A causa de?)
Trabajar por la paz/por los derechos laborales
Votar por[12]

Nos vamos a limitar a unas pocas observaciones. La primera es invitar a un estudiante a escribir una tesis de honor, una tesis de maestría o tal vez un artículo sobre estos verbos. Aquí hay una pista. Estas frases con *por* + **objeto** parecen adjuntos. O sea, un complemento fácil de omitir o un complemento completamente omisible de esos verbos. Si *alguien va a la tienda*, el objeto 'a la tienda' es obligatorio para la gramaticalidad de una oración

Por en 100 ejemplos de Corpes XXI 41

con *ir* (excepto si se aplica la opción de que *alguien se fue*). Sin embargo, *por leche, por pan, por verduras, por lo que se necesita para el asado,* etc. son claramente CIRCUNSTANCIAS. Es decir, ADJUNTOS que no son necesarios para la gramaticalidad de una oración con *ir*.[13]

Si *alguien lucha por los derechos de los indígenas* también *trabaja por ellos*. En lugar de ellos.[14] De manera similar a lo que ocurre cuando uno trabaja por un amigo/a si hace su turno en el trabajo, un ejemplo relativamente común en libros de texto. Es interesante que *trabajar por un amigo/a* (hacerle el turno) se opone a *trabajar para un amigo/a*, lo cual quiere decir que el amigo/a es su empleador/a. De la misma manera, hay un contraste entre *trabajar por un candidato/a* y *trabajar para un candidato/a*. En el segundo caso, la interpretación favorece la implicación de que uno es un empleado/a que recibe un sueldo de esa campaña. En el primer caso, la interpretación favorece la implicación de que ese trabajo es más que todo voluntario. Se trabaja por las ideas, por la plataforma de ese candidato/a. La oposición termina siendo punto final (trabajar para un amigo/a, para un candidato/a) por oposición a trabajar por un candidato/a, por una causa, por una idea, por un principio, por principio. Obsérvese que *trabajar + por* puede ser causa en un nivel profundo, pero no es tan claramente composicional y transparente como *trabajar para un amigo/a*, el cual es claramente composicional y transparente.

5.3 Conclusiones

Un promedio del promedio de los libros 1, 2 y 3 y del de los 300 ejemplos de Corpes XXI da los siguientes resultados:

Causa, motivo, razón: 30,37% (26,08% y 34,66%)
Agente de pasiva: 25,19% (29,06% y 21,33%)
Intervalo de espacio/tiempo: 26,69% (21,06% y 32,33%)

Como vimos, agente y causa son la misma regla. Eso nos dice que causa es aproximadamente el 55% de los usos de *por*. Intervalo de espacio/de tiempo es el 26,69%. Entonces dos reglas de *por* explican el 80% de sus usos.

Los lectores/as familiarizados con las reglas de los libros observarán que esas reglas se parecen solo en parte a las reglas de la Tabla 5.7. Para empezar, la regla de la voz pasiva se menciona solo en libros avanzados (es la primera regla en Dozier e Iguina 2017). Como no encontramos agente de estado resultante en diez libros que consultamos, fuimos a la gramática de la Real Academia Española y no lo encontramos ni en el *Esbozo de una nueva gramática de la lengua española* (RAE 2004[1973]) ni en *Nueva gramática*

42 Por *en 100 ejemplos de Corpes XXI*

de la lengua española. Manual de RAE (2010).[15] ¿Es necesario mencionar la voz pasiva en un libro elemental? Aunque solo una fracción de los hablantes de cualquier lengua saben explícitamente qué es la voz pasiva, todos los hablantes de lenguas con voz pasiva la han dominado hasta con verbos de estado antes de los siete años (Snyder y Hyams 2015). Hacer explícito un conocimiento implícito es mucho más fácil de lo que se ha pensado, si se tienen las herramientas para hacerlo.

Esas herramientas ya las tenemos. Por ejemplo, el presidente de México en el 2019 se llama (es llamado) Manuel no porque él se llame a sí mismo Manuel (nadie se llama a sí mismo/a y ningún recién nacido/a escoge el nombre). Manuel se llama así porque alguien de la familia decidió que *lo llamarían Manuel* (voz activa) y desde el momento en el cual se decidió su nombre, *este hombre se llama Manuel* (la pasiva con SE en español). Es decir, es llamado Manuel.[16] El SE indica que él es el llamado y no el llamador (Whitley y González 2015). Esta es la forma inteligente de explicar *llamarse* en cualquier libro de español para principiantes, pues este presidente se llama Manuel es la misma estructura del llamado se pasivo de *¿cómo se dice pasaporte en español?*, una estructura que se explica en la página 350 de *Vistas*, 5a edición. Si una estructura como *¿Cómo se dice_____?* no se necesita en la primera clase, sí se necesita en la primera semana de clase.[17]

Esta tangente sobre la voz pasiva (=pasiva con *se*) es justificable por la prominencia de *por* para expresar la voz pasiva.

Notas

1 La lectura de Lunn (1987) causa la impresión de que ella desarrolló su taxonomía desde abajo, basada en la lingüística cognitiva, la cual empezaba a desarrollarse en esos años. Pero es interesante que cuando sus términos se adaptaron en los libros de texto para que fueran comprensibles, es inescapable la conexión entre la adaptación y los términos que había usado Gili Gaya (1985[1961]:255–56): Tiempo/lugar, agente de pasiva, medio, modo, substitución/equivalencia y causa.

2 Patricia V. Lunn completó su disertación en 1984. Citamos de la versión publicada por Indiana University Linguistics Club en 1987. Gracias a Jane Albrecht por prestarme esa copia. Note: Pinto and Rex (2006) quote Lunn as: Lunn, Patricia. 1985. The semantics of *por* and *para*. Diss. Indiana University.

3 La regla de 'blocking' bloqueo la formación de una palabra cuando ya la lengua tiene la unidad léxica (Aronoff 1976:43). De la misma manera, la pasiva con *se* bloqueo la voz pasiva en español, pues la primera es muchísimo más productiva en la lengua.

(i) Esta niña es llamada Alicia: Voz pasiva. (cf. Los papás llamaron a esta niña Alicia).

Por *en 100 ejemplos de Corpes XXI*   43

(ii) Esta niña se llama Alicia: Pasiva con SE o 'se passive'. (cf. A esta niña la llaman Alicia).

Véase una explicación detallada del SE intransitivizador en Whitley y González (2015:82–87).

4 Pronto se hará la conexión entre causa y agente de la voz pasiva/de un estado resultante.

5 Por un lado, hay oraciones como:

(i) No tengo tiempo **para** eso; no tengo tiempo **para** esas tonterías.

Por otro lado, tenemos oraciones como:

(ii) Ahora no tengo tiempo **de** hacer eso, es hora **de** hacerle un cambio al sistema.

6 Cuando sacamos los ejemplos de *Cien años de soledad* observamos que la novela tiene cuatro ocurrencias de 'por el resto de su vida' y una de 'por el resto de mi vida'. También hay un 'para el resto de su vida' y cuatro 'en el resto de su vida'. Según un informante (consultor) de Guntermann (186), *por* se usa 'when duration is stressed'. Esa explicación nos parece más influencia del inglés que algo legítimo.

7 La *una* de *una media hora* no es el cuantificador de 'half AN hour'; es un cuantificador de aproximación que quiere decir *media hora, más o menos*.

8 Por 'poner en perspectiva' queremos decir que se muestra el patrón, como en la Tabla 5.4. Algunos ejemplos de esa tabla, aislados, parecen expresiones memorizadas. Cuando se muestran suficientes ejemplos y se ven las conexiones, se ve la regla y se entiende de manera que ni siquiera tiene que memorizarse, pues se internaliza. El nativo/a no opera con memoria y con listas; el nativo/a ha captado la regla subyacente y la aplica.

9 Ngrams (4/6/2019): Es todo por hoy = 0,0000011335%; era para hoy = 0,00000 02034%.

10 Esta observación ya se encuentra en Fillmore (1968, 1977) y es muy posible que se haya propuesto mucho antes. También está en Dowty (1991). 'Causa' es una propiedad del proto-agente y 'causado' es una propiedad del protopaciente. Croft (1991) es una exploración muy detallada de causa.

11 Parece que en España se usa no solo *votar por un candidato* sino también *votar a un candidato*. Pero no recordamos dónde leímos esto. Tal vez venga de Lunn (1987).

12 La noción de 'adjunt' en inglés se conoce en la gramática tradicional del español como *complemento circunstancial*.

13 Obsérvese que el primer 'ellos' puede ser ambiguo, pues podría referirse a los derechos o a los indígenas. El segundo 'ellos' es inequívoco: Solo se puede referir a los indígenas (por el significado composicional de *en lugar de* y *ellos*).

14 Lunn (65) discute el uso de *por* para expresar el agente de una oración en voz pasiva (*Hotel Pekín* fue escrita por Santiago Gamboa). Sin embargo, parece que Lunn no considera agente de un estado resultante (los dos edificios están conectados por un puente que los une por el aire).

15 El pronombre reflexivo indica que el objeto directo (o el objeto indirecto) es idéntico al sujeto menos del 5% de las veces. Véase García (1975) para una

44   Por *en 100 ejemplos de Corpes XXI*

explicación teórica basada en sujeto, objeto directo y objeto indirecto. Véase Whitley y González (2015:82–87) para una explicación basada en reemplazo del verbador/a con un pronombre reflexivo.

16 ¿*Cómo se dice* _____? aparece tres veces en la página siete de *Vistas*. *Me llamo/se llama* aparece 11 veces en las páginas 2–5.

17 Se consultó esta versión de la Biblioteca Digital de Cuba por la facilidad para hacer búsquedas electrónicas.

Bibliografía

Aronoff, Mark. 1976. *Word formation in generative grammar* (Linguistic inquiry monograph, vol. 1). Cambridge, MA: MIT Press.

Corpes XXI. Online: www.rae.es/recursos/banco-de-datos/corpes-xxi.

Croft, William. 1991. *Syntactic categories and grammatical relations. The cognitive organization of information*. Chicago: The University of Chicago Press.

Dowty, David. 1991. Thematic proto-roles and argument selection. *Language* 67.547–619.

Dozier, Eleanor, and Zulma Iguina. 2017. *Manual de gramática. Grammar reference for students of Spanish* (6a ed.). Boston, MA: Cengage Learning.

Fillmore, Charles J. 1968. The case for case. *Universals of linguistic theory*, ed. by Emmon Bach and Robert T. Harms, 1–88. New York: Holt, Rinehart, and Winston.

Fillmore, Charles J. 1977. The case for case reopened. *Syntax and semantics: Grammatical relations* (vol. 8), ed. by Peter Cole and Jerald Sadock, 59–91. New York: Academic Press.

Gamboa, Santiago. 2009. *Hotel Pekín*. México, DF: Editorial Planeta México.

García, Erica. 1975. *The role of theory in linguistic analysis: The Spanish pronoun system*. Amsterdam: North-Holland.

García Márquez, Gabriel. 2017[1967]. *Cien años de soledad*. Online: http://bdigital. bnjm.cu/docs/libros/PROC2-435/Cien%20anos%20de%20soledad.pdf.[1]

Gili Gaya, Samuel. 1985[1961]. *Curso superior de sintaxis española*. 15a reimpresión. Barcelona: Vox.

Guntermann, Gail. 1992. An analysis of interlanguage development over time: Part 1, *por* and *para*. *Hispania* 75.77–87.

Lafford, Barbara A., and John M. Ryan. 1995. The acquisition of lexical meaning in a study-abroad context. The Spanish prepositions *por* and *para*. *Hispania* 78.528–47.

Lunn, Patricia V. 1987. *The semantics of* por *and* para. Bloomington, IN: Indiana University Linguistics Club.

Michel, Jean-Baptiste; Yuan Kui Shen; Aviva Presser Aiden; Adrian Veres; Matthew K. Gray; The Google Books Team; Joseph P. Pickett; Dale Hoiberg; Dan Clancy; Peter Norvig; Jon Orwant; Steven Pinker; Martin A. Nowak; and Erez Lieberman Aiden. 2010. Quantitative analysis of culture using millions of digitized books. *Science*. Publicado en la red. (https://www.google.com/search?client=firefox-b-d&q=ngram).

Pinto, Derrin, and Scott Rex. 2006. The acquisition of the prepositions *por* and *para* in a classroom setting. *Hispania* 89.611–22.

Por *en 100 ejemplos de Corpes XXI* 45

RAE (Real Academia Española). 2004[1973]. *Esbozo de una nueva gramática de la lengua española.* 21a reimpresión. Madrid: Espasa Calpe S.A.

RAE (Real Academia Española). 2010. *Nueva gramática de la lengua española. Manual* (1a ed.). Bogotá: Editorial Planeta Colombiana, S.A.

Snyder, William, and Nina Hyams. 2015. Minimality effects in children's passives. *Structures, strategies and beyond: Essays in honour of Adriana Belletti* (Linguistik Aktuell/Linguistics today, vol. 223), ed. by Elisa Di Domenico, Cornelia Hamann, and Simona Matteini, 343–68. Amsterdam and Philadelphia: John Benjamins.

Whitley, M. Stanley, y Luis González. 2015. *Gramática para la composición* (3a ed.). Washington, DC: Georgetown University Press.

6 Pares (cuasi) mínimos con *por* y *para*

6.1 Introducción

Quienes están familiarizados con el trabajo de Pinto y Rex (2006) recordarán que ellos proponen que se abandone la enseñanza de *por* y *para* como una dicotomía. El verdadero problema podría ser no la dicotomía, sino la atomicidad de las reglas y algunos errores de los libros de texto y de la enseñanza. En un sentido, estamos de acuerdo con ellos en que tenemos que considerar las preposiciones más como parte de un sistema con muchas interacciones y no como una dicotomía, de la cual no podemos decir que es simple. Consideremos esta pequeña muestra de *Cien años de soledad*.

De estas 25 ocurrencias continuas de *por* o *para*, hay diez de *para*. El 100% punto final. Cuatro son cláusulas de propósito con el subjuntivo. Nada es más claramente propósito que una cláusula con *para que* + *subjuntivo*. Cuando se cambia *para* por *por*, el choque semántico no puede ser más claro: Una causa se refiere a algo ocurrido, lo opuesto de la función principal del subjuntivo, la cual es expresar que el evento no ha ocurrido o el estado no se ha dado. Cinco de esos diez usos de *para* van seguidos de un infinitivo. El décimo es claramente propósito: *Para la decoración*. Solamente uno de esos usos de *para* podría cambiarse por *por*: *Por sobrellevar los cargos domésticos*. Eso expresaría causa y cambiaría la perspectiva desde la cual se dice eso. Aunque el español puede expresar propósito con *por* seguido de un infinitivo, ese uso se ha ido perdiendo, como se puede inferir de la discusión y sobre todo de los ejemplos de Bolinger (1944), muchos de ellos de hace varios siglos. Puede haber sido el resultado de las dos preposiciones compitiendo por especializarse en la lengua. O compitiendo para especializarse en su función, para usar las dos preposiciones con el mismo verbo. Los/las especialistas pueden rastrear este desarrollo en Bolinger (1944). De hecho, uno de los ejemplos más claros y tal vez más frecuentes de *por* + *infinitivo* es *por ver*, el cual se puede interpretar como causa o como propósito, según el contexto. Delbecque (1996:290) observa que en el *corpus* usado por ella, el 40,2% de los usos de *para* son *para* + infinitivo y solo el 6,2 son *por* + infinitivo.

Pares (cuasi) mínimos con por y para 47

Tabla 6.1 Usos de *para* o de *por* en una muestra de 25 oraciones contiguas de *Cien años de soledad* que tenían *por* o *para*

Para en Cien años de soledad

– para que nada restara esplendor a ese propósito	– *porque nada restara esplendor a ese propósito
– Había encargado costosos menesteres para la decoración	– *Había encargado costosos menesteres por la decoración
– Experto italiano para que armara y afinara la pianola	– *Experto italiano porque armara y afinara la pianola
– Sus hijas eran las únicas que visitaban la casa para bordar con Rebeca y Amaranta	– *Sus hijas eran las únicas que visitaban la casa por bordar con Rebeca y Amaranta
– Para sobrellevar los gastos domésticos. . .	– por sobrellevar los gastos domésticos . . .
– No consiguieron que se les tomara en cuenta para la fiesta.	– *No consiguieron que se les tomara en cuenta por la fiesta.
– Destripó la pianola para descifrar su magia secreta.	– *Destripó la pianola por descifrar su magia secreta.
– Más amarga fue la desilusión de Úrsula cuando colocó el primer rollo para que Amaranta y Rebeca abrieran el baile	– *Más amarga fue la desilusión de Úrsula cuando colocó el primer rollo porque Amaranta y Rebeca abrieran el baile
– Recurrió a las artes de su antiquísima sabiduría para tratar de componerlo	– *Recurrió a las artes de su antiquísima sabiduría por tratar de componerlo
– Se improvisó con la pianola restaurada un baile para despedirlo.	– *Se improvisó con la pianola restaurada un baile por despedirlo.

De estas 25 ocurrencias hay 15 con *por*. Cuatro son agente de pasiva (26,6%). Seis son causa (40%). Cuatro son intervalo de espacio/tiempo (26,66%). El primer ejemplo es difícil de clasificar (la casa importadora envió por su cuenta un experto italiano). Sin embargo, está claro que no es punto final. Debe ser *por*. Parece ser una expresión memorizada. *Enviar por su cuenta* se puede expresar también como *enviar de su cuenta*, lo cual muestra que es origen, el opuesto de punto final.

Un lector/a atento habrá observado que anticipamos que habría unos cuantos pares mínimos de *por* y *para* antes de buscar los 25 ejemplos. Esos 25 ejemplos no produjeron lo que se llama en lingüística un par mínimo, excepto los tres ejemplos que se discuten en 1, caso en el cual se podría hablar de cuasi-pares mínimos.

(1) a No tienes por qué preocuparte tanto.

b Pero la exhibición fue interrumpida porque Pilar Ternera . . .

c Por eso no perdía ocasión de encerrarse en el baño

Tabla 6.2 Usos de *por* en una muestra de 25 oraciones contiguas de *Cien años de soledad* que tenían *por* o *para*

Por en *Cien años de soledad*	
– La casa importadora envió por su cuenta un experto italiano (¡no punto final!)	– *La casa importadora envió para su cuenta un experto italiano
– José Arcadio Buendía pareció fulminado no por la belleza de la melodía (agente/causa)	– *José Arcadio Buendía pareció fulminado no para la belleza de la melodía
– Fulminado no por la belleza de la melodía, sino por el tecleo autónomo de la pianola (agente/causa)	– *Fulminado no por la belleza de la melodía, sino para el tecleo autónomo de la pianola
– No tienes por qué preocuparte tanto— le decía José Arcadio Buendía a su mujer. (causa)	– *No tienes para qué preocuparte tanto—le decía José Arcadio Buendía a su mujer
– Lo mismo hacían flores de fieltro que bocadillos de guayaba y esquelas de amor por encargo. (causa)	– *Lo mismo hacían flores de fieltro que bocadillos de guayaba y esquelas de amor para encargo.
– Entre un enredijo de cuerdas que desenrollaba por un extremo (intervalo de espacio)	– *Entre un enredijo de cuerdas que desenrollaba para un extremo
– Y se volvían a enrollar por el otro (intervalo de espacio)	– *Y se volvían a enrollar para el otro
– El jardín saturado por la fragancia de las rosas (agente/causa)	– *El jardín saturado para la fragancia de las rosas
– Al fin José Arcadio Buendía logró mover por equivocación un dispositivo atascado (causa)	– *Al fin José Arcadio Buendía logró mover para equivocación un dispositivo atascado
– De los veintiún intrépidos que desentrañaron la sierra buscando el mar por el Occidente (intervalo de espacio)	– *De los veintiún intrépidos que desentrañaron la sierra buscando el mar para el Occidente
– Lo secundaron en sus risas por lo enrevesado de los valses (causa)	– *Lo secundaron en sus risas para lo enrevesado de los valses
– Pero la exhibición fue interrumpida porque Pilar Ternera, (causa)	– Pero la exhibición fue interrumpida para que Pilar Ternera,
– Fue un llanto inconsolable que se prolongó por varios días (intervalo de tiempo)	– *Fue un llanto inconsolable que se prolongó para varios días
– Por eso no perdía ocasión de encerrarse en el baño (causa)	– para eso no perdía ocasión de encerrarse en el baño
– *Los montículos de barro construidos por las lombrices en el jardín (agente/causa)	– Los montículos de barro construidos para las lombrices en el jardín

En lingüística, un asterisco (*) significa que la oración es agramatical o que los hablantes no la dicen/escriben.

Pares (cuasi) mínimos con por *y* para   49

(2) a No tienes para qué preocuparte tanto.
     b Pero la exhibición fue interrumpida para que Pilar Ternera . . .
     c %Para eso no perdía ocasión de encerrarse en el baño . . .²
     d No perdía ocasión de encerrarse en el baño para [hacer] eso.

Un nativo/a difícilmente diría 'no tienes para qué preocuparte tanto', pero con un pequeño cambio puede decirse 'para que no te preocupes'. Una exhibición pudo haberse interrumpido para que alguien hiciera algo. Obsérvese el uso del subjuntivo. Si Rebeca se metía al baño por alguna razón (porque allí podía comerse las uñas), la misma idea se puede comunicar diciendo que se encerraba en el baño a comerse las uñas o para eso era que se encerraba en el baño, a comerse las uñas. Es muy interesante que este propósito se pueda expresar con razón: La razón por la cual se metía al baño era para comerse las uñas. Recuérdese que a veces se puede explicar causa y propósito desde cualquiera de esas dos perspectivas, pues a veces es difícil distinguir si es causa o propósito, como si fueran un continuo: Por qué y para qué. De hecho, lo es: El propósito de una acción es erradicar una causa. Además, si Rebeca se metía al baño para comerse las uñas, también se puede expresar con la preposición que se usa después de los verbos de movimiento: Se metía al baño a comerse las uñas.

Las promesas hay que cumplirlas. Como existe una percepción de que hay un paralelo perfecto entre *por* y *para*, no podíamos dejar de ver si en verdad ese es el caso. Una dicotomía perfecta entre *por* y *para*. Como esto no resultó naturalmente en los ejemplos que sacamos de *Cien años de soledad*, nos sentamos a pensar si podíamos evocar pares mínimos. En unos quince minutos, se nos ocurrieron estos. Todos son punto final en el espacio e intervalo de espacio. Por supuesto que se nos ocurrieron ejemplos con punto final en el tiempo e intervalo de tiempo. Pero esos ejemplos nos

Tabla 6.3 Ejemplos de oraciones en las cuales se puede usar *por* o *para* (con diferencia de significado)

Para	*Por*
Vamos para Atlanta.	Vamos por Atlanta para Alabama.
¿Para qué me preguntas la edad?	¿Por qué me preguntas la edad?
No es relevante para nada.	*No es relevante por nada.
Voy para la oficina del correo.	En invierno, uno va de un edificio a otro pasando por los edificios que hay entre los dos.
¿Tienes algo para poner en el correo?	*¿Tienes algo por poner en el correo?
¿Vas para el supermercado? Compra café.	Si pasas por el supermercado, compra café.

50 *Pares (cuasi) mínimos con* por *y* para

parecían librescos y tal vez algo que no se dice. Al escribir esto se nos ocurrió mirar qué ejemplos de este tipo se encuentran en los ejemplos que sacamos de los textos.

Algo interesante al pensar en estos ejemplos fue la elección entre *a* y *para* después del verbo *ir*. Le dejamos al lector/a la tarea de pensar por qué escogimos escribir *voy para la oficina del correo* y no *voy a la oficina del correo*. Si el lector/a no ve por dónde va el asunto, debe repasar la explicación de la perfectividad de *a* vs. la imperfectividad de *para* (capítulo 5)

6.2 Conclusiones

La premisa de este capítulo es que la oposición entre *por* y *para* es tan fuerte que debería de haber muchos ejemplos con *por/para* que contrastan en significado, pero que admiten cualquiera de las dos preposiciones. De hecho, la fuerza de esa intuición ha llevado a buscar un paralelo en los usos de *por* y *para* que tal vez no exista. Esa es una posibilidad. La otra es que tal paralelo puede ser real, pero la muestra de ejemplos tiene que ser del orden de cientos de miles y no de un par de docenas de ejemplos, como lo es en esta pequeñísima muestra. Otro punto para explorarse.

Notas

1 La notación '%' indica que la oración sería aceptable para algunos nativos/as. Al parecer, aceptable para pocos hablantes.
2 Consultada en la versión de la Biblioteca Digital de Cuba por la facilidad para hacer búsquedas electrónicas.

Bibliografía

Bolinger, Dwight L. 1944. Purpose with *por* and *para*. *The Modern Language Journal* 28.15–21.

Delbecque, Nicole. 1996. Towards a cognitive account of the uses of the prepositions *por* and *para* in Spanish. *Cognitive linguistics in the redwoods. The expansion of a new paradigm in linguistics*, Ed. by Eugene H. Casad, 249–318. Berlín: Mouton de Gruyter.

García Márquez, Gabriel. 2017[1967]. *Cien años de soledad*. Online: http://bdigital. bnjm.cu/docs/libros/PROC2-435/Cien%20anos%20de%20soledad.pdf.[1]

Pinto, Derrin, and Scott Rex. 2006. The acquisition of the prepositions *por* and *para* in a classroom setting. *Hispania* 89.611–22.

7 Algunas observaciones sobre la investigación de la adquisición de *por* y *para*

7.1 El problema

Consideremos las siguientes citas sobre la adquisición de *por* y *para*, todas ellas de Guntermann (1992):

> First, 34% of the accurate instances of *por* are accounted for by memorized expressions such as *por ejemplo* and *por eso*; another 21% consist of time expressions (e.g., *Viví allí por tres años*) (181).
>
> When the time expressions and the fixed expressions with *por* are excluded, the accuracy rate shrinks to 32%, compared to 72% for *para* (181).
>
> This study began with the question of whether or not *por* and *para* should always be treated in opposition to each other, and indeed, confusion between the two accounts for only 40% of the errors (182).
>
> *Por* appeared early in the text but only in set expressions such as *por favor* and *por automóvil/tren*, and later in reading passages (178).

Parece que *por ejemplo* y *por favor* son expresiones que el aprendiz tiene que memorizar. Pero ya vimos que *por eso* es causa, una observación que también hicieron Pinto y Rex (614). Hay dos problemas con un libro que presenta *por automóvil/tren* como expresiones memorizadas. El primer problema es que en español no se dice que se viaja por automóvil o por tren; se viaja en automóvil, en tren, en avión; se monta en bicicleta, en patines o en patineta. Usar *por* con los medios de transporte es un error que hay que erradicar de los libros de español como L2. El segundo problema es que si fuera correcto, no sería una expresión memorizada, sino un patrón productivo. Obsérvese que no hay una conexión clara entre 'favor' y 'ejemplo' en *por favor* y *por ejemplo*, pero sí hay una conexión clara entre en avión, en automóvil, en tren o en un mensaje que va por teléfono o por el Internet, o dinero que se envía por Western Union o por un banco.

52 *Algunas observaciones sobre la investigación*

Por otro lado, ¿cuánto de ese 21% son expresiones de tiempo en las cuales el nativo/a no suele usar *por*? *Viví allí por tres años* es algo que el nativo expresa simplemente sin *por*. *Tres años* es claramente un intervalo cuando su significado se pone junto con el de *viví*: Viví allí tres años. Si la frecuencia de intervalo de espacio es mucho más alta que la frecuencia de intervalo de tiempo, parte de ese 21% de expresiones de tiempo podría ser más un error inducido por la enseñanza que un error del estudiante. De hecho, la pregunta hecha por un investigador/a de *¿por cuánto tiempo vives en Arizona?* (Lafford y Ryan 531) es una pregunta que un nativo/a haría como *¿cuánto tiempo hace que vives en Arizona?* Que la 'sobre generalización' de la regla de *por* para expresar un intervalo de tiempo venga de los estudiantes es algo que los maestros/as no podemos controlar; pero si esa sobre generalización viene de los materiales de enseñanza, ese es un error que hay que corregir.[1]

Entonces esa proporción de corrección del 34% con expresiones memorizadas y del 21% para expresar duración de tiempo son datos que seguramente cambiarán si se enseña y se investiga la adquisición de *por* y *para* con herramientas mejor pensadas. Pinto y Rex (617) escriben: 'As a group, however, it does not appear that students are acquiring this usage because even at the advanced level *gracias para* appears with more or less the same frequency as *gracias por*'. Este dato es tan real como preocupante, pues si la elección entre *por* y *para* fuera aleatoria, ese sería el resultado, suponiendo que la frecuencia es cerca del 50%. En un sentido lo es, pues el aprendiz realmente escoge entre *gracias por* y *gracias para*. En los 100 ejemplos contiguos de *por* y *para* que sacamos de *Hotel Pekín*, se usó *por* 62 veces y *para* 38 veces. En teoría, la probabilidad de *por* o *para* es cerca del 50%. Cerca del 60% para *por* si esa muestra de *Hotel Pekín* es representativa. Sin embargo, este es un dato que virtualmente ningún estudiante sabe y que no sirve para nada. Para efectos prácticos, la elección entre *por* y *para* con expresiones memorizadas antes del nivel *Intermediate High* en la escala de ACTFL (B1.1/B1.2 en CEFR) es simplemente 50%. Recuérdese que *gracias por* es causa: *Gracias por el favor*. O para conectar este punto con la explicación de *para* como punto final, si **gracias para el favor* no es un punto final, debería de ser *gracias por el favor*.

Si el 34% de los usos correctos de *por* viene de expresiones memorizadas, eso sugiere que las reglas están haciendo muy poco. Parece que la enseñanza y el aprendizaje de *por* y *para* podría mejorarse mucho. La Tabla 1.2 del capítulo 1 sugiere por dónde empezar. La siguiente sección también ayuda a entender algunos de los problemas de la enseñanza de *por* y *para*.

Algunas observaciones sobre la investigación 53

7.2 Taxonomías de las reglas de *por* y *para*

Pinto y Rex (614) escriben:

> One of the challenges in analyzing P&P is the elaboration of a taxonomy of the functions of the two prepositions. To facilitate comparison between our results and those from previous studies, we do not deviate significantly from the taxonomy of Guntermann (1992) and Lafford and Ryan (1995), which was based on Lunn (1985).[2] One change we made for the classification of *para* was that we collapsed the purpose and intended-use categories to one, as there appeared to be no independent reason to separate the two. This is similar to how Lunn (1985:87) originally posits this function of *para*.

La anterior taxonomía de Guntermann está basada en Lunn (1987), 'with some modifications for simplification of terms' (Guntermann 178).

Tabla 7.1 Taxonomía de los usos preciso de *por* y *para* (Pinto y Rex 614)

Por

Duration	*Por mucho tiempo, por tres años*
Motive	*Gracias por, vamos por un café*
Exchange/substitution	*Trabajar por mí, $10 por el vaso*
In time span	*Por la mañana*
Medium	*Por teléfono*
Formulaic Expressions	*Por supuesto, por eso*

Para

Purpose/intended use	*Comida para comer, dinero para comprar algo*
Beneficiary	*Regalo para mi madre*
(Standard of) Comparison	*Es difícil para mí*
Para que	*Para que lleguen a tiempo*

Tabla 7.2 Taxonomía usada por Guntermann (181)

Movement through space
Trajectory-landmark
Trajector fills space
Movement through time
Motive, cause, agent, etc.
By means of
Exchange
Expressions

54 *Algunas observaciones sobre la investigación*

Tabla 7.3 Taxonomía de los usos de *por* propuesta por Lunn (1987:39)

Trajector penetrates landmark (= 'passage through a bounded space')
The trajector moves along a landmark
The trajectory and the landmark are the same (= by train (*por tren), by phone)
The trajector fills up a space with paths
The existence of the trajector fills up the landmark

Nota: Como para Lunn *para* es 'goal' (movement towards a landmark), no hay una taxonomía de *para*. Recuérdese que ella propone que 'estándar de comparación' es 'goal' (64) y que 'en la opinión de' es una mezcla de propósito y estándar de comparación.

Lunn (1987) no presenta una taxonomía en forma de tabla, pero la Tabla 7.3 reconstruye la taxonomía que se puede inferir de su explicación.

Un lector/a atento observará que las reglas de los tres libros que se presentaron en la Tabla 1.1 coinciden parcialmente con la taxonomía de Pinto y Rex (614). Pinto y Rex adaptaron la taxonomía de Guntermann (1992), eliminando 'trajector-landmark' y 'trajector fills space', dos categorías inspiradas en la lingüística cognitiva, en la cual se inspiró Lunn, quien a su vez le sirvió de inspiración a Guntermann. Las taxonomías sin términos especializados (como la de Pinto y Rex) pueden venir de la inclinación de los autores/as de libros de texto a simplificar. Esa es una intención loable y si es verdad que las reglas de los libros vienen de la adaptación de las reglas de Lunn que Pinto y Rex hicieron, esa fue una contribución digna de reconocerse.

Por otro lado, cuando esas adaptaciones se convierten en simplificaciones hechas sin el debido cuidado, dichas simplificaciones pueden hacer más mal que bien. La crítica que hace Frantzen (1995) de que las reglas del pretérito y del imperfecto son verdades a medias se aplica también a las reglas de *por* y *para*. Las reglas que tenemos ahora de *para* son suficientemente imprecisas para despistar hasta a los estudiantes más motivados, como lo muestra un mensaje que una profesora de español le mandó a este autor en el 2012 más o menos. Esta maestra había estudiado español como su especialización de pregrado, tenía un MA en español, había pasado un semestre en España, tenía por lo menos cinco años de experiencia después del MA, era instructora de español en una de las 40 mejores universidades de EE.UU. y escribió: *Gracias para mandarme los materiales*. Si las reglas de *para* son tan imprecisas y tan 'no aprendibles' para causarle problemas a una aprendiz como esta, ni qué decir de las dificultades que se encuentran con *por*. ¿Puede un aprendiz computar 'en el aire' el equivalente de una de las doce preposiciones (o frases preposicionales) de *por* durante una conversación normal? Es dudoso que ese cómputo sea lo que hace el hablante nativo al producir *por* cuando esa es la major elección de preposición.

Algunas observaciones sobre la investigación   55

Por otra parte, es probable que el hablante escoja *para* porque la elección es entre PUNTO FINAL y no punto final, como sugiere Whitley (2002:205):

> *Por* is less specific in all these cases than *para*, and another way of looking at their contrast is *para* for goal and *por* for the rest. When greater precision is required, *por* can be replaced by specialized alternatives such as *durante, por medio de, en vez de, con motivo de, a causa de, a consecuencia de, a lo largo de, a través de.*

Si no se aplica *para*, entonces el hablante optaría por *por*. Esta es realmente la hipótesis que la lingüística cognitiva debe explorar de una manera más sistemática. Con seguridad que ahora se tienen mejores herramientas que las que tuvo Lunn hace tres o cuatro décadas. De hecho, al releer la investigación para nuestra versión final notamos en Gili Gaya (1985[1961]:256): 'En nuestros días se ha consumado casi totalmente la distinción entre el sentido final de *para* y el causal de *por*'. Como mostraron nuestras reglas, punto final es el 95% de los usos de *para* y causa el 55% de los usos de *por*.

7.3 Cabos sueltos y promesas sin cumplir

Este libro empezó con los diez primeros ejemplos de *para* en un libro para niños sobre los mitos mexicanos (Galván 1997). Todos esos diez ejemplos expresan propósito, o sea punto final. Habíamos usado los primeros diez ejemplos con *para* del cuento 'El sur' de Jorge Luis Borges. Sin embargo, una lectora nos dijo que deberíamos empezar con ejemplos más fáciles. Nos pareció una buena idea y lo hicimos. Pero ya habíamos escrito toda esta sección y cuando revisamos, vimos que tendríamos que eliminarla. Sería una pena, porque esta discusión es muy interesante. Entonces dejamos la discusión.

Esta discusión empezaba diciendo que habíamos dejado dos ejemplos difíciles para explicarlos más tarde en el libro. Aquí está esa discusión. Uno de ellos es 1 y el otro es 4:

(1) Alguna vez había jugado con un puñal, como todos los hombres, pero su esgrima no pasaba de una noción de que los golpes deben ir hacia arriba y con el filo **para** adentro.

Un maestro/a va a hacer dos conexiones. La primera es lo que tal vez podría catalogarse como una forma de paralelismo. Obsérvese que Borges escribe *hacia arriba* y *con el filo para adentro*. Podría haber escrito *para arriba* y *para adentro*, si no hubiera pensado en evitar la repetición, una conjetura que ya no podemos confirmar, pues Borges ya no está vivo. Si usamos el

56 *Algunas observaciones sobre la investigación*

ejemplo prototípico de destino y cambiamos el adverbio *arriba* por un sustantivo como *biblioteca,* tendríamos esto:

(2) a Para la biblioteca y para adentro.
     b Hacia la biblioteca y hacia adentro.

La segunda conexión posible es recordar, como acabamos de ver, que Whitley (2002:205) observó que muchas veces *por* puede reemplazarse por una preposición más precisa. Resulta que lo mismo se aplica a *para.* Si alguien va para la biblioteca también va hacia la biblioteca. Si le decimos a alguien que se mueva para atrás, también le podemos decir que se mueva hacia atrás. Nótese la imperfectividad de *para* y de *hacia. Para* + *adverbio de lugar* expresa el punto principal de *para:* Movimiento hacia un punto final que no se tiene que alcanzar y que por lo tanto no se tiene que medir, aunque algunas veces puede medirse:

(3) a Muévase tres pasos para atrás.
     b Muévase para atrás.

Para adentro es claramente un punto final en el espacio. Habíamos dicho que ocho de los diez ejemplos con *para* eran punto final y todos ocho van seguidos por un infinitivo. Este no va seguido por un infinitivo, pero es un punto final. Estamos en el 90%.

El último ejemplo de los diez de Borges que no habíamos explicado es el siguiente:

(4) El almacén, alguna vez, había sido punzó, pero los años habían mitigado **para** su bien ese color violento.

Los años habían mitigado, para el bien del almacén, la violencia del color punzó (rojo amapola) con el cual lo habían pintado. A los lectores/as a los cuales les habría costado ver al principio el significado de propósito en ese uso de *para* deben aceptarlo después de los varios cientos de ejemplos con *para* que hemos discutido o usado en este libro. Los lectores/as familiarizados con papeles semánticos apreciarán la conexión entre recipiente, meta o beneficiario, tres papeles que se invocan para expresar el significado de un objeto indirecto; o sea, quien se beneficia de un regalo, el significado del cual se derivó el concepto de dativo.[3] El almacén resultó beneficiado (fue el punto final) de los años, cuyo paso fue mitigando la fuerza del color punzó con el cual lo habían pintado originalmente. Los años le habían mitigado la violencia del punzó al almacén. Para el bien del almacén, el paso de los años había mitigado la violencia de ese color punzó con el cual lo habían pintado.

Algunas observaciones sobre la investigación   57

Para concluir, los diez primeros ejemplos con *para* de 'El sur', un famoso cuento de Borges, son todos punto final. El lector/a interesado/a, puede verificarlo fácilmente.

7.3.1 *Sí, corazón, voy a la tienda por leche, pero solo por el amor que siento por ti*

—Hablantes nativos/as, ¿podrían explicar estos usos de *por*? ¿Qué tal si les agregamos a estos usos el título de un libro de Darío Ruiz Gómez, *La ternura que tengo para vos*? Si invocamos la estrategia que usamos cuando propusimos que muchas 'expresiones memorizadas' son composicionales si se restablece la elisión que se hizo, entonces sería *la ternura que tengo para darte a vos*. De la misma manera podemos explicar *el amor que tengo para darte a vos*. Punto final. La complicación es que *el amor por ti* es también una colocación muy frecuente.[4] Un verso de una canción dice *mi amor por ti no morirá jamás*. El amor que siento a causa de ti. Si aceptamos que *el amor por ti* es *el amor que siento por ti*, entonces se va a la tienda porque se necesita leche, lo cual parece que se abrevia a *se va a la tienda por leche*. La necesidad de leche es la causa de la ida a la tienda. Un poco más claro que antes, por lo menos.

7.3.2 *Estar para salir vs. estar por salir; estar para terminar, estar por terminar; la cama está por hacerse, la cama está para hacerse; estar para llegar; estar por llegar*

Gili Gaya (1985[1961]:257) escribe:

> *El barco está por zarpar* quiere decir simplemente que no ha zarpado, o a lo sumo que tiene hechos más o menos preparativos para echarse a la mar; *el barco está para zarpar significa que saldrá en seguida*. Claro está que otras palabras determinativas pueden neutralizar estas diferencias, por ejemplo: *el barco está por zarpar de un momento a otro*, o *el barco está para zarpar pasado mañana*.

Como observaron Kany (1951:344) y Lunn (1987:69), entre otros, *verbo + por* significa en Argentina (y posiblemente en otros países de América) lo que *verbo + para* significa en España y viceversa. De hecho, es probable que haya sutilezas de significado dependiendo del verbo. *Estar por salir* y *estar para salir* son equivalentes muy frecuentes de *zarpar* si no usamos el término de Gili Gaya, claramente inspirado en la vida marítima. Sin embargo, ¿qué pasa cuando se dice que *la cama está por hacerse* o *para hacerse*? En este caso, el autor y hablante nativo de este libro no es de

58 *Algunas observaciones sobre la investigación*

España, pero para él *la cama está por hacerse* coincide con el uso español (no se ha hecho). El significado puede variar un poco de acuerdo con el verbo. En la práctica, es probable que el aprendiz del español entienda lo que se quiere decir sin necesidad de saber la diferencia. También es posible que la diferencia no se note ni sea relevante, excepto para los expertos. En lugar de seguir conjeturando, lo mejor es sugerir que un estudio de *verbo +* *por* y *verbo + para* con un buen número de verbos parece un proyecto muy interesante, si no se ha hecho.

7.4 Cuando *por* no es necesariamente *para* y *para* no es necesariamente *por*

Las cuatro siguientes citas de Pinto y Rex (2006), las cuales a su vez resumen puntos importantes de Guntermann (1992), de Lafford y Ryan (1995) y de ellos mismos, resumen algunos de los problemas principales de la enseñanza y del aprendizaje de *por* y *para*. Pinto y Rex (2006) escriben:

> However, if we examine the results, we find that of 34 of the errors with *por*, only 5 should have been *para*. In other words, if students found *por* marked wrong on their paper and simply changed it to *para*, they would still be wrong more than 85% of the time. In fact, they would be much better off simply deleting *por*, which would result in the correct structure nearly two-thirds of the time (620).
>
> However, the fact that fourth-year students still perform at an accuracy rate of 50% (equal to a 50% probability of guessing *gracias por/ para* correctly) suggests that more repeated and explicit attention to form-function may be required (621).
>
> In our study, the most frequent use of *por* is that of duration. Guntermann (1992) and Lafford and Ryan (1995) mention that *por* with duration of time is not accepted by all native speakers in all contexts. We also obtained the same results from native-speaker judgments. In fact, one native-speaking Spanish professor pointed out that most textbook explanations of P&P encourage this type of usage, when in fact, the majority of native speakers would opt for no preposition (i.e. *Estuve tres semanas en Argentina* vs. *Estuve por tres semanas en Argentina* (616)).
>
> At Level 4, roughly 30% of the tokens of *para* for purpose could be substituted with *a* or some other element (617–618).

De hecho, Pinto y Rex (2006) proponen que *por* y *para* no se deberían enseñar como una dicotomía. Los datos de las anteriores citas parecen apoyar

Algunas observaciones sobre la investigación 59

esa propuesta. Sin embargo, el trabajo de casi 20 años prestándoles atención a *por* y *para*, el hecho de que hay un buen número de ejemplos de lo que podría llamarse cuasi pares mínimos con *por* y *para* y el hecho de que hay muchos otros casos de *por* o *para* que se entienden bien si uno piensa que si no es *por* podría ser *para* o viceversa, nos llevan a proponer que abandonar la dicotomía podría no ser la respuesta al problema. Antes de abandonar la dicotomía deberíamos tratar de presentarla y practicarla de una manera más efectiva, como lo sugiere la exploración que hemos hecho hasta ahora. No hay que apresurarse a seguir la recomendación de Pinto y Rex (2006), por loable o razonable que parezca. Las conclusiones de este capítulo ofrecen otra forma de pensar en el problema.

7.5 La esperanza es lo único que no se pierde

Después de estas observaciones sobre la enseñanza de *por* y *para* a uno le puede quedar la impresión de que la enseñanza de estas dos preposiciones no ha sido un éxito. Hay esperanza. De los nueve miembros de los Cuerpos de Paz que Guntermann estudió, hay uno que tuvo buen éxito en la adquisición de *por* y *para*. Guntermann (1992:184) escribe:

> He explained that he studied the language in his spare time and tried to incorporate what he learned into his speech. He accounted for 59 (26%) of the total accurate uses of *por* and *para* in the data, and only four of the inaccurate ones. He seemed to have paid attention to form and meaning in balance, as he spoke at length with fluency and accuracy.

Cuatro usos incorrectos de 63 es un nivel de error de solamente el 6,7%, ¡el cual no está mal para nada! Lo que se ve en esta cita es realmente la diferencia entre enseñanza y aprendizaje. Este voluntario/a fue más allá de la enseñanza. Eso es lo que tiene que hacer cada aprendiz. Pero es la responsabilidad de nosotros como maestros proporcionar una mejor enseñanza para que ese aprendizaje llegue más lejos, más rápido. Permanecer enfocado en la tarea y trabajando en ella (como se dice muy simple pero elocuentemente en inglés con 'staying on task') es una característica de todo buen aprendiz. Es fácil seguir trabajando en algo en lo cual se ven los resultados; por otro lado, no hay un buen incentivo para seguir trabajando en una distinción que parece que no tiene pies ni cabeza, como lo muestran los no muy buenos resultados del aprendizaje de *por* y *para*, según la mayoría de los estudios de Guntermann (1992), Lafford y Ryan (1995) y Pinto y Rex (2006). Si uno de los nueve participantes de Guntermann (1992) es responsable por el 26% de los usos correctos de *por* y *para*, eso sugiere que el promedio de acierto de los otros ocho es de menos del 10%. Lo cual es muy preocupante

60 *Algunas observaciones sobre la investigación*

si se piensa que la elección al azar entre dos preposiciones debería producir un resultado de cerca del 50%, siempre y cuando la dicotomía fuera una verdadera dicotomía el 100% de las veces. Ya sabemos que no lo es por múltiples factores; tal vez el más importante de ellos sea la influencia del inglés que viene tanto del aprendiz como de materiales que podrían mejorarse. El otro factor es que hay una dicotomía solamente el 40% de las veces, según observó Guntermann (182). De hecho, si ese error de *por* viene de la enseñanza, el estudiante que no escribe nada en lugar de *por* haría la elección correcta dos veces de tres, según calcularon Pinto y Rex (620). Pero esto supondría que el estudiante ha eliminado *para*, está familiarizado con esta observación de Guntermann, entiende su alcance, y aplica la regla correctamente porque ni la enseñanza ni la interferencia de su lengua materna (un fenómeno natural y prácticamente incontrolable) no se meten en su aprendizaje de *por* y *para*. Esa es una meta poco realista por ahora para cualquier aprendiz que no sea un lingüista familiarizado con la mejor investigación sobre *por* y *para*.

El final del párrafo anterior parece borrar la esperanza con la cual empezó esta sección. En la práctica, el aprendizaje de *por* y *para* no es tan complicado. Lo que hay que hacer es lo que hizo ese miembro de los Cuerpos de Paz del estudio de Guntermann (184): 'He explained that he studied the language in his spare time and tried to incorporate what he learned into his speech'. Ese estudiante estudiaba para él, no para el examen. Estudiar para uno mismo es lo que hacen los aprendices de una L2 que llegan al nivel de poder usar la lengua para disfrutar de la cultura o para poder usar la lengua en el trabajo o al viajar.

El lector/a atento/a también observará que además de aprender del participante de Guntermann (1992), la propuesta de este libro debería ayudar muchísimo a ver *por* y *para* como un problema en el cual hay mucho más orden del que hemos visto hasta ahora, y que ningún estudiante serio/a de español tiene que dejar *por* y *para* al azar.

Para terminar, ¿por qué no terminar con un contraste de tres preposiciones relacionadas (y la ausencia de preposición) antes de un infinitivo? Obsérvese en 5a que *ir* requiere que su complemento ('object' en inglés) vaya introducido por *a*, sin importar si ese complemento es un infinitivo (*vamos a ir*) o un sintagma nominal (*iremos a un buen restaurante*). Además de *ir a cenar*, también *cenaremos para celebrar*. El contraste triple que queremos mostrar es la necesidad de elegir entre tener *a*, *para* o ninguna preposición (antes de un infinitivo). ¡Ah! *De* también precede a un infinitivo. Vamos para allá.

(5) a Vamos **a** cenar.
   b Queremos cenar **para** celebrar.[5]

Algunas observaciones sobre la investigación 61

¿Por qué hay *a* en 5a? Porque *ir* es un verbo intransitivo y su complemento requiere una preposición. La preposición requerida para introducir el complemento de casi todos los verbos de movimiento cuando ese complemento es de lugar es *a: Acercarse, aproximarse, bajar, caer, entrar, faltar, ir, llegar, marcharse, salir, subir, regresar, venir, volver* . . .[6] ¿Por qué no hay preposición antes de *cenar* en 5b? Porque *cenar* es el complemento directo de *queremos* y el complemento directo no lleva preposición, a menos que sea la famosa 'a personal' de un complemento directo animado y definido (Lapesa 1983:99). Tampoco hay preposición antes de un infinitivo si el infinitivo es el sujeto, pues el sujeto nunca lleva preposición en español. Por ejemplo, *cenar con los amigos es siempre un placer.* Finalmente, ¿por qué hay *para* antes de *celebrar* en 5b? Porque esta es una frase de propósito. Cuando un infinitivo expresa propósito, ese infinitivo va introducido por la preposición *para.*

Para resumir, un infinitivo no va precedido por una preposición si ese infinitivo es el sujeto o el complemento directo ('insertar' *para* es muy común, si el aprendiz es anglohablante). Segundo, un infinitivo va precedido por *a* si es el complemento de un verbo de movimiento intransitivo o usado intransitivamente. Tercero, un infinitivo va precedido por *para* si esa frase de *para + infinitivo* expresa propósito.

Resulta que *de* es otra preposición que suele preceder a un infinitivo. Esto ocurre cuando el infinitivo es un modificador de un sustantivo (incluyendo un infinitivo) o de un adjetivo: *Alegría de aprender, deseo de triunfar, hambre de poder, ganas de terminar* son ejemplos de sustantivos modificados por una frase con *de + infinitivo. Cansado de esperar, fácil de entender, imposible de rechazar* son ejemplos de adjetivos modificados por *de + infinitivo. Terminar de leer* es un ejemplo de un infinitivo modificado por *de + infinitivo.*

7.6 Algunas implicaciones

Las explicaciones en muchos libros de texto son una explicación o una 'teoría' de *por* y *para* que no es aprendible. La reducción de la explicación de *para* al 15% de las palabras necesarias para explicar la regla es una reducción a menos de una sexta parte. La Tabla 1.1 y la Tabla 1.2 muestran que las reglas de los libros de texto se pueden simplificar sin perder claridad, si tal simplificación está bien pensada y apoyada en el uso de la lengua. Al contrario, las repeticiones innecesarias y las simplificaciones mal motivadas pueden hacer más mal que bien. En realidad, la simplificación ya la habían sugerido varios estudiosos/as en tratados académicos, pero creemos que nadie la había articulado de manera que los estudiantes la comprendan, como se ha propuesto en este libro.

62 *Algunas observaciones sobre la investigación*

En cuanto a *por*, la explicación de intervalo de tiempo (*vamos a clase por la mañana*) y de intervalo de espacio (*por el parque, por la iglesia, por arriba, por debajo, por delante, por detrás*, etc.) ofrece una clave muy importante para comprender *por* y otros puntos de la gramática del español y tal vez de otras lenguas. Puede ser que intervalo de tiempo sea algo más fácil de explicar y entender que intervalo de espacio. Si es así, podemos aceptar que ese es el orden de presentación de este concepto en los materiales de enseñanza del español como L2. Pero la presentación de suficientes ejemplos de intervalo de espacio puede ser algo muy revelador para los estudiantes y ese espacio es un buen uso del papel en los libros de texto (en lugar de una lista de siete a quince reglas de *por*). Suficientes ejemplos bien escogidos de intervalo de espacio (como los que se muestran en la Tabla 5.5) tienen el potencial de mostrar cómo es que el nativo/a 've' la generalización en una regla. A primera vista, *por delante* parece una expresión que hay que memorizar hasta que se ve un patrón más completo, como el que se muestra en las Tablas 5.4 y 5.5 (y en los ejemplos al principio de este párrafo). Es interesante que la segunda función más frecuente de *por* sea expresar un intervalo. Resulta que el imperfecto expresa un intervalo, el progresivo expresa un intervalo y *hace* expresa un intervalo.[7] *Hace tres meses que me estoy diciendo que esta semana sí terminaré este libro.* Aquí tenemos cuatro reglas del español que expresan un intervalo. Si el progresivo es un intervalo en español, también lo es en inglés. Con la diferencia de que en español es muchísimo más corto, lo cual ya explica en buena parte la frecuencia muchísimo más baja del progresivo en español que en inglés. Por supuesto que este libro no es sobre el progresivo, pero el punto que se enfatiza es qué tan importante es el concepto de intervalo en las lenguas.

La observación de que el agente de la voz pasiva es el segundo uso más frecuente de *por* (¡con causa, y agente es causa!) merece atención especial.[8] Quienes enseñan y sobre todo quienes van a explicar *por* y *para* en los libros de texto deben estudiar atentamente los ejemplos de *Cien años de soledad*. Seguramente que esos ejemplos son muy avanzados (por el vocabulario y por la sofisticación de la escritura) para presentarse en los libros de texto. Pero debe de ser fácil pensar en ejemplos similares que serán comprensibles para principiantes. Es interesante que la cópula (*ser* para la voz pasiva y *estar* para el estado resultante) se omita muchas veces de esas oraciones. Expresar el resultado de un cambio (un estado resultante) es una función muy importante de la lengua.

La discusión de las expresiones memorizadas debe ser un llamado de atención para quienes escriben materiales de enseñanza. Un maestro/a en la clase puede acudir a la tabla de salvación de que la pregunta que le acaban de hacer puede ser una expresión memorizada. Obviamente que

Algunas observaciones sobre la investigación 63

debe prometer investigar la pregunta. Pero los autores/as de materiales de enseñanza deben inferir de esta explicación de *por* y *para* que la lengua es mucho más sistemática de lo que hemos creído hasta ahora. Cuanto más sistemática es la lengua, menos se necesita la memoria.

La confiabilidad de la memoria se puede mostrar con el nivel de acierto ('accuracy') de una frase como *gracias por* o *gracias para*. Como vimos, los estudiantes del estudio de Pinto y Rex (617) muestran un nivel de acierto de aproximadamente el 50% en el nivel 4 de español en la Universidad de California, Davis, con una función tan básica de la lengua como es agradecer (¿es *gracias por* o *gracias para*?).[9] Ese resultado muestra que la memoria no ayuda tanto como sería deseable. De otro lado, nuestra experiencia nos permite decir que una regla que realmente se entiende no se tiene que memorizar.[10] El concepto se adquiere. Ningún hablante nativo/a opera con reglas memorizadas o con listas de verbos, por ejemplo. Una lengua dejada a la memoria no debe de llevar a casi ningún aprendiz más allá del nivel 'Novice' en la escala de ACTFL (0 a A.1/A1.1 en CEFR). Sí hay expresiones memorizadas en las lenguas, pero son una fracción de las que creemos.

Este proyecto es una respuesta (en la cual ya se trabajaba hacía años) a la llamada de Frantzen (2013:629):

> It is important at this point to clarify that it is not that rules are not needed or valuable, but rather that the quality of the rules that are presented to learners across many languages and instructional materials needs to be examined and then refined for presentation in textbooks and in the classroom.

Esta es una primera aproximación sistemática a un mejor examen y presentación de *por* y *para*. Por supuesto que todavía hay espacio para mejorar.

7.7 Conclusiones

Si el nivel de acierto ('accuracy') de frases como *gracias por* es del 50%, eso sugiere que no ha habido mucho éxito en el aprendizaje. Ese sería el resultado si simplemente lo dejáramos al azar. Como somos optimistas empedernidos, nos gustaría pensar que el/la estudiante que dice *gracias para los materiales* está tal vez alejándose del calco del inglés de *thanks for the materials*. En un sentido, eso significa que los estudiantes están pensando. O que tienen un maestro/a que les ha dicho que si lo que dicen o escriben parece un calco del inglés, no es probablemente español.

Usar simplemente el azar es comprensible si a un estudiante se le presentan siete o más reglas para *por* y cinco o seis para *para*. Para colmo,

64 *Algunas observaciones sobre la investigación*

en el libro del siguiente nivel las reglas no muestran una progresión natural en profundidad. Son simplemente otra lista sin ton ni son, tal vez más larga, pero no necesariamente mejor. Este libro ha mostrado con más de cien ejemplos que una regla de punto final intencional explica el 95% de los usos de *para*. En este capítulo hay evidencia de otros investigadores que corroboran esa propuesta. Este libro también ha mostrado con más de 500 ejemplos que aproximadamente el 80% de los usos de *por* se explican como causa o intervalo de espacio/de tiempo.

Este libro es una respuesta al llamado de Frantzen (2013:629) a examinar y a refinar las reglas y los materiales de enseñanza de las L2s para presentarlos mejor en los libros y en clase. Con suerte, este libro contribuirá a corregir algunos de los errores de los materiales que se produzcan o revisen de ahora en adelante. También podrá servir como modelo para explorar las dicotomías del español y de otras lenguas.

Las siguientes observaciones y ejemplos resumen muchos de los puntos tratados en estos siete capítulos. Obsérvese el uso de otras preposiciones (*a, en, de,* ninguna preposición o la palabra *hace*) en lugar de *por* o *para*:

(6) a Los medios de transporte no se expresan con *por* en español si se hace referencia a quien viaja.

    b En español se habla con la familia y con los amigos (o se les envían textos) **por** teléfono, pero se viaja **en** carro, **en** tren, **en** avión, **en** bicicleta. **Para** información del lector/a, se camina **a** pie.

    c Cuanto más claro expresa una frase un intervalo de tiempo, menos requiere la preposición *por*. Una de mis estudiantes trabajó (Ø) dos años en el Departamento de Defensa. Otra trabajó (Ø) un semestre en *por* y *para*. Este autor trabaja **en** una universidad a la cual asistieron esas dos estudiantes. Una de mis primas vivió (Ø) cuatro años en Miami y la otra vivió (0) cuatro meses en España. Este autor vive en EE.UU. **hace** 35 años y en Carolina del Norte **hace** 22 años.

    d Por cierto, hay que admitir que uno se levanta **por** la mañana y se va **para** el trabajo. Es verdad que uno puede trabajar **por** un ideal, pero ese trabajo suele ser voluntario.

    e Se trabaja **en** una organización mucho más a menudo que **para** una organización.

    f Cuando este libro salga, iremos **a** un buen restaurante **a** cenar. Será una buena razón **para** celebrar. (Ø) Cenar es una buena forma **de** celebrar.

Las revisiones de este manuscrito se completaron en julio del 2019. Usted, estimado/a lector/a, acaba de terminar **de** leerlo. ¡Gracias **por** comprar el libro y **por** leerlo!

Algunas observaciones sobre la investigación 65

Notas

1 'Sobre generalización' es nuestro equivalente para 'overextension', el término que usan Pinto y Rex (615).
2 Patricia Lunn completó su disertación en 1984. Se cita de la versión publicada por Indiana University Linguistics Club en 1987 (Pinto and Rex quote a version from 1985).
3 *Para + sustantivo* no es un complemento indirecto en español, pero puede expresar recipiente, meta o beneficiario. Una discusión de la diferencia entre '*le compramos un regalo a Alicia*' (un verdadero complemento indirecto) y '*compramos un regalo para Alicia*' es una tangente por la cual no nos queremos desviar.
4 Ngrams para 'amor por ti'= 0.0000096505; 'amor para ti' = 0.0000010835. Mayo del 2019.
5 Obsérvese que no hay preposición antes de *cenar*.
6 Algunos de estos verbos admiten otra preposición, pero el significado es distinto. Como se explicó en el capítulo 5, la *a* es perfectiva y significa que el participante (el sujeto) alcanzó la meta. Si fuimos a un restaurante, entramos a ese restaurante y estuvimos en ese restaurante. Al final de la comida, salimos del restaurante. Si alguien hizo su caminata matutina esta mañana, salió a caminar. Después de la caminata volvió de ella y regresó a la casa o a la oficina.
7 ¿Qué tienen en común 'ongoingness', 'in progress', 'in the middle', and 'repeated or habitual', las cuatro 'reglas' principales del imperfecto? Todos esos conceptos expresan un intervalo.
8 Recuérdese que una oración con *ser* + participio pasado del verbo principal es una oración en voz pasiva (i) y (iii) y una oración con *estar* + participio pasado es un estado resultante (ii) y (iv).

    (i)   José Arcadio fue atado a un árbol cuando perdió el uso de la razón. (Voz pasiva)
    (ii)   José Arcadio estuvo atado a ese árbol hasta que se murió. (Estado resultante)
    (iii) The door was opened (by the wind). (Voz pasiva)
    (iv) The door was open all night. (Estado resultante)

9 Mencionamos el nombre de la universidad no como una crítica. Al contrario, queremos mostrar qué tan poco puede ayudar la memoria. Esta universidad es de primera clase, está en un estado de EE.UU. en el cual los estudiantes tienen muchas oportunidades para practicar y el departamento de español cuenta con profesores de fama internacional, varios con numerosas publicaciones en la adquisición del español. Varios de los profesores han escrito libros de texto (o investigación sobre el español) que han alcanzado gran difusión. Aranovich, Blake, Burton, Colombi, Ojeda, Samaniego, Torreblanca, para mencionar unos cuantos.
10 Por supuesto que esto funciona si la regla captura la generalización con la cual opera el/la hablante.

Bibliografía

Frantzen, Diana. 1995. Preterite/imperfect half-truths: Problems with Spanish textbook rules for usage. *Hispania* 78.145–58.
Frantzen, Diana. 2013. Using literary texts to reveal problematic rules of usage. *Foreign Language Annals* 46.628–45.

66 *Algunas observaciones sobre la investigación*

Galván, Nélida. 1997. *Mitología mexicana para niños*. México, DF: Selector Actualidad Editorial.

Gili Gaya, Samuel. 1985[1961]. *Curso superior de sintaxis española*. 15a reimpresión. Barcelona: Vox.

Guntermann, Gail. 1992. An analysis of interlanguage development over time: Part 1, *por* and *para*. *Hispania* 75.177–87.

Kany, Charles E. 1967[1951]. *American-Spanish syntax* (2nd ed.). Chicago: The University of Chicago Press.

Lafford, Barbara A., and John M. Ryan. 1995. The acquisition of lexical meaning in a study-abroad context. The Spanish prepositions *por* and *para*. *Hispania* 78.528–47.

Lapesa, Rafael. 1983. *Historia de la lengua española* (9a ed.). Madrid: Editorial Gredos, S.A.

Lunn, Patricia V. 1987. *The semantics of* por *and* para. Bloomington, IN: Indiana University Linguistics Club.

Michel, Jean-Baptiste; Yuan Kui Shen; Aviva Presser Aiden; Adrian Veres; Matthew K. Gray; The Google Books Team; Joseph P. Pickett; Dale Hoiberg; Dan Clancy; Peter Norvig; Jon Orwant; Steven Pinker; Martin A. Nowak; and Erez Lieberman Aiden. 2010. Quantitative analysis of culture using millions of digitized books. *Science*. Publicado en la red. (https://www.google.com/search?client=firefox-b-d&q=ngram).

Pinto, Derrin, and Scott Rex. 2006. The acquisition of the prepositions *por* and *para* in a classroom setting. *Hispania* 89.611–22.

Whitley, Stanley. 2002. *Spanish/English contrasts* (2nd ed.). Washington, DC: Georgetown University Press.

Apéndices

Apéndice A

Cien ejemplos de *por* en *Cien años de soledad* (García Márquez 2017[1967])

Tabla A.1 Cien ejemplos de *por* en *Cien años de soledad*

Por	
Agente de pasiva/agente de estado resultante	$15+21 = 36^{1}$
Intervalo de espacio/tiempo	$21+6 = 27$
Causa, motivo, razón. Porque/por. (Hay un *por eso*)	$14+10 = 24$
Expresión memorizada (*Por fin*=2; *por entero*, *por completo* = 3)	$= 6$
Verbos. (Cambiar x por y = 1; Terminar por = 2)	$= 3$
Frecuencia, porcentaje, precio, velocidad. (Hay tres *por último*)	$= 4$

[1] La notación X + Y significa que el número de X son los ejemplos del primer miembro de X/Y y lo mismo para Y. Con el agente de la voz pasiva y el agente de un estado resultante a veces es difícil determinar cuál es cuál, pues se suele omitir la cópula (*ser* o *estar*). Lo interesante es que no importa cuál cópula sea, siempre es *por*, si es agente (o causa), pero es *para* si es punto final: *Este ramo fue hecho por Marina* (agente de pasiva o causa); *este ramo fue hecho para Marina (punto final intencional)*.

Tabla A.2 Cien usos de *por* en *Cien años de soledad*. Los ejemplos

Agente de pasiva (15)	Agente de estado resultante (21)
– su actividad febril se interrumpió y fue sustituida por una especie de fascinación	– devastado por la prolongada vigilia
	– y por el encono de su imaginación, y les reveló su descubrimiento
– por el encono de su imaginación, y les reveló su descubrimiento	– el gitano parecía estragado por una dolencia tenaz
– no se dejó amedrentar por la desesperación de su mujer	– un chaleco de terciopelo patinado por el verdín de los siglos
– la grasa derretida por el calor	– una armadura del siglo XV con todas sus partes soldadas por un cascote de óxido
– un destilador construido por los propios gitanos	
– Seducido por la simplicidad de las fórmulas para doblar el oro	– alarmada por tan peligrosa inventiva
– siempre perseguida por el suave susurro de sus pollerines de olán	– El rudimentario laboratorio estaba compuesto por un atanor primitivo
	– Quienes recordaban sus encías destruidas por el escorbuto

(Continued)

Tabla A.2 (Continued)

- los rústicos muebles de madera construidos por ellos mismos estaban siempre limpios
- Aquel espíritu de iniciativa social desapareció en poco tiempo, arrastrado por la fiebre de los imanes
- alumbrados apenas por una tenue reverberación de insectos luminosos
  sólo en aquel instante habían empezado a existir, concebidos por el conjuro de Úrsula
- como impulsada por un dinamismo interior, y se despedazó en el suelo
- hasta que el grupo se dispersó reclamado por otros artificios
- Al ser destapado por el gigante,
- Embriagado por la evidencia del prodigio

- Macondo fue una aldea más ordenada y laboriosa que cualquiera de las conocidas hasta entonces por sus 300 habitantes
- Los hombres de la expedición se sintieron abrumados por sus recuerdos más antiguos en aquel paraíso de humedad y silencio
- con los pulmones agobiados por un sofocante olor de sangre.
- pero la oscuridad estaba impregnada por un aire nuevo y limpio
- Agotados por la prolongada travesía
- Macondo está rodeado de agua por todas partes
- aturdidos por la feria multitudinaria
- sofocado por el confuso aliento de estiércol y sándalo
- Aturdido por la noticia, José Arcadio Buendía permaneció inmóvil
- obsesionada por la idea de que su cuerpo despedía un olor a chamusquina
- Ligados por un vínculo más sólido que el amor
- José Arcadio Buendía, fastidiado por las alucinaciones de su mujer
- Furioso, exaltado por la sangre de su animal

Intervalo de espacio (21)

- tuvo una noción del espacio que le permitió navegar por mares incógnitos
- Paseándose por la casa sin hacer caso de nadie
- su fuerza descomunal, que le permitía derribar un caballo agarrándolo por las orejas
- un río de aguas diáfanas que se precipitaban por un lecho de piedras pulidas
- mientras chorreaba por sus sienes
- se pasaba el día dando vueltas por la casa
- Los gitanos navegaban seis meses por esa ruta
- antes de alcanzar el cinturón de tierra firme por donde pasaban las mulas del correo

Intervalo de tiempo (6)

- Los niños habían de recordar por el resto de su vida la augusta solemnidad
- Todos los años, por el mes de marzo
- había de recordarlo por el resto de su vida como lo vio aquella tarde
- se los mostró al público por un instante fugaz
- la mantuvo puesta por varios minutos
- la situación siguió igual por otros seis meses

- Descendieron por la pedregosa ribera del río hasta el lugar en que años antes habían encontrado la armadura del guerrero
- penetraron al bosque por un sendero de naranjos silvestres
- avanzaron como sonámbulos por un universo de pesadumbre
- lo llevó a la deriva por una región inexplorada de los recuerdos
- buscando a Melquíades por todas partes
- José Arcadio Buendía se abrió paso a empujones por entre el grupo
- aparecían por donde más se les había buscado
- se metían por la ventana del dormitorio
- para que no tuvieran por donde entrar los piratas de sus pesadillas
- saltaba por encima de trescientos años de casualidades
- Pasaran por la vegüenza de engendrar iguanas
- Que se cerraba por delante con una gruesa hebilla de hierro
- indiferentes al viento que pasaba por el dormitorio
- le puso tazones de agua por toda la casa

Causa, motivo, razón: porque, por qué (14)
- porque el escorbuto le había arrancado los dientes.
- porque entró al cuarto
- porque aquella vez los gitanos recorrieron la aldea
- Úrsula se atrevió a preguntarle por qué lo hacía
- No podían regresar, porque la trocha que iban abriendo a su paso se volvía a cerrar en poco tiempo
- Aquí nos quedamos, porque aquí hemos tenido un hijo
- porque soñaba que
- porque en verdad estaban ligados hasta la muerte
- Era, pues, una ruta que no le interesaba, porque sólo podía conducirlo al pasado

Causa, motivo, razón: por (10)
- Exaltó en público la inteligencia de aquel hombre que por pura especulación astronómica había construido una teoría ya comprobada en la práctica
- y las maderas crujían por la desesperación de los clavos y los tornillos
- sufría por los más insignificantes percances económicos
- José Arcadio Buendía, que aún no acababa de consolarse por el fracaso de sus imanes
- en el momento en que Melquíades rompió por distracción un frasco de bicloruro de mercurio
- los gitanos confesaron que se habían orientado por el canto de los pájaros

(Continued)

Tabla A.2 (Continued)

- porque consideraba la infancia como un período de insuficiencia mental
- porque siempre estaba demasiado absorto en sus propias especulaciones quiméricas
- porque nunca volvió a caminar en público
- Porque nació y creció con una cola cartilaginosa
- Porque su marido era impotente

Expresión memorizada (6)
- Por fin, un martes de diciembre
- entregado por entero a sus experimentos
- José Arcadio Buendía ignoraba por completo la geografía de la región
- el charco del armenio taciturno se evaporó por completo
- Habiendo abandonado por completo las obligaciones domésticas
- A ver si por fin ese gallo le hace el favor a tu mujer

Frecuencia, porcentaje, precio, velocidad (4)
- durmieron a fondo por primera vez en dos semanas
- Por último, cansado de esperar
- Por último liquidó el negocio
- Por último llegó hasta el lugar

- hasta sintió por él un poco de
- estuvo a punto de contraer una insolación por tratar de establecer un método exacto
- Por eso, cada vez que Úrsula se salía de casillas
- Pero no habrá más muertos en este pueblo por culpa tuya

Verbo + por (3)
- cambió su mulo y una partida de chivos por los dos lingotes imantados
- Pero terminó por aceptar los dos lingotes imantados y tres piezas de dinero colonial
- los niños terminaron por aprender que en el extremo meridional del África había hombres tan inteligentes y pacíficos

Apéndice B

Cien usos de *por* en *El sueño del celta* (Vargas Llosa 2010)

Tabla B Cien ejemplos de *por* en *El sueño del celta*

Agente de la voz pasiva/de un estado resultante (27)	Causa, motivo, razón (29)
– Absorbida por su propio vecino. 32	– ¿Por qué tenía tanto frío? 14
– Expedición encabezada por el más famoso aventurero en suelo africano. 35	– ¿Por qué maître Gavan Duffy, mandaba a uno de sus pasantes? 14
– Rejillas metálicas . . . acribilladas por el aguacero. 36	– Porque los seis años que vivió allí con el tío abuelo John y la tía abuela Charlotte. 22
– Sorprendidos por la tormenta. 36	– Su entusiasmo por la vida al aire libre. 23
– Convertido ahora por los belgas en la capital 36	– No, no, por qué dices esa tontería. 24.
– Dispensario . . . atendido por dos monjas flamencas. 36	– Se calló porque ya habían llegado al locutorio. 29
– Estuvo derribado por las fiebres . . . 37	– ¿Por qué ahora? 33
– Tres semanas estuvo tumbado por las fiebres palúdicas 38?	– Y ni uno solo sabe qué firma, porque ninguno habla francés. 41
– Ladrillos rojos ennegrecidos por la suciedad . . . 13	– Pero le tenían aprecio porque era trabajador . . . 45
– Irlandeses fusilados por los ingleses 15	– Y, por eso, pese a ser . . . 23
– Su compañía . . . fue emboscada una vez por una masa de enturbantados 19	– Que al menos él fuera ahorcado por esos crímenes atroces 28
– Abrir caminos por pasajes nunca hollados. . . por el hombre 20	– Hoy está usted otra vez en la prensa, señor Casement. No por traidor a su patria. 28
– Construido en el siglo XVII por Alexander Colville 22	– A la que por su pierna enferma sus amigas llamaban Hoppy. 29
– Acogido: por *aunt* Grace, desde luego 23	– Ya sé que ha sido por mi culpa. 30
– . . . También por su esposo 24	– Por su parentesco con un apestado, sería una desempleada. 30
– Empleado por un periódico de NY 24	– Por eso, tu opinión es una . . . 31
	– por desgracia 32
	– Sin duda, por su educación puritana. 31

(Continued)

Tabla B (Continued)

- Marcado por un deje irlandés 25
- Claros cercados por empalizadas de árboles 38
- Expedición encabezada por Stanley . . . 38
- . . . y financiada por el rey de los belgas. 38
- No llegaban a hacerse entender por los nativos. 40
- La cara pecosa y requemada por el sol. 41
- Encabezadas por Gran Bretaña. 45
- Desatadas las lenguas por la bebida. 45
- Movido por cosas incomprensibles. 45
- Creado por un monarca que nunca podría . . . 48
- Y lo incomprendido que era por periodistas y políticos resentidos. 50

Intervalo de espacio/tiempo (13)
- Iba caminando por el largo pasillo 13
- Circulan ahora por todas partes 15
- Están por todo Londres 15
- Durante el recorrido por el largo pasillo 16
- Libros de viajes por el África. 22
- Su fantasma deambulaba por el lugar. 22
- Excursiones por aquella tierra áspera 23
- Los paseos por el campo 23
- Alta ventana enrejada por la que alcanzaba a divisar 13
- Abrir caminos por pasajes nunca hollados . . . por el hombre 20
- Vio, por las ventanas sin vidrios ni cortinas 36
- Por un lado la desolación y la muerte . . . 41
- Incansable en los recorridos por el bosque. 45

Frecuencia, porcentaje, precio, velocidad (8)
- Por primera vez: 14, 22, 24, 28, 35, 49
- Bañarse con jabón una vez por semana. 17
- Me lo devolverán solo por una vez si me ejecutan. 29

- Era raro que le vinieran ganas de llorar . . . Por Gertrude. Por Gee. 40?
- ¿No le da a usted, a veces, remordimientos, mala conciencia, por lo que hacemos? 41
- Creyendo que, de este modo, obraba por un designio filantrópico. 49
- ¿Sabes que todo lo que he hecho fue por Irlanda, no es cierto? 31
- Por una causa noble y generosa. 31.
- Estamos aquí por el bien de los africanos. 42
- Si supieran lo que hacemos por ellos. 43
- Sintió pena por ella . . . 29
- . . . por todos los amigos que, como Gee . . . 29
- Que esos contratos son, de veras, por su bien
- Todo esto es por su bien, claro . . . 43

Expresiones memorizadas (12)
- Dijo por fin, como si hablara consigo mismo. 42
- Se había decidido por fin a atacar 14
- Por si no lo sabe 17
- Dio por hecho lo que su padre . . . 18
- Y por fin con puñales y manos desnudas 19, 34
- Su Majestad el rey, por supuesto 28, 32, 33, 38, 38 = 5
- Era capaz, por igual, de grandes hazañas 39

Verbo + por (11)
- Esforzándose por rebajar la cólera que impregnaba su voz 16
- Estaba por cumplir ocho. 25
- Un progreso que acabaría por transformar a los desdichados. 26
- Tenía ganas de preguntarle por los ataques de los periódicos . . . 29

- El presidente Wilson intercederá por ti. 29
- ¿El presidente de los Estados Unidos intercedería por él? 30
- Se miraron y terminaron por reírse. 32
- Luchando por serenarse
- Aguardiente con que Stanley los invitaba a brindar por el acuerdo. 40
- Reemplazaran sus costumbres bárbaras por las de seres modernos. 43
- Nosotros decidimos por ellos lo que les conviene. 43

Apéndice C
Trescientos ejemplos de Corpes XXI

Hay 15 grupos, cada uno con 20 ejemplos contiguos. El grupo 1 son las oraciones 1 a 20 en el corpus. Cada número se refiere al ejemplo en el corpus y cada número está en la regla correspondiente. Por ejemplo, la oración 11 es una oración con agente de pasiva; la 2 es una oración que expresa causa, etc. El grupo 2 son las oraciones de 381 a 400; el grupo 3 las de 581 a 600, etc. Luego se computan los valores de los grupos 1 a 5, de 6 a 10 y de 11 a 15. *Por otro lado* se contó como intervalo de espacio. *Por un lado* es un lado del argumento; *por otro lado*, el otro. *Por el contrario* se contó como una expresión memorizada. Se podría discutir si *por* + verbo es una expresión memorizada. Esos casos son pocos y ese es un tema al cual otros investigadores/as pueden aportar. Recuérdese la invitación a una tabulación más precisa del 5% de *para* que no es punto final intencional y del 20% de *por* que no es causa o intervalo de espacio/tiempo.

Tabla C Trescientos ejemplos de *por* en Corpes XXI

Grupo 1:	Grupo 2:
Agente de pasiva: 11 = 1	Agente de pasiva: 385, 386, 387, 388, 390, 391, 392,
Causa, motivo, razón: 2, 3, 4, 5, 7, 8, 13, 14, 16, 18, 19 = 11	394, 395, 397 = 10
Intervalo de espacio: 6, 10, 15, 17 (por correo electrónico) = 4	Causa, motivo, razón: 382, 384, 389 = 3
Expresión memorizada: 9 (por lo general), 12 (por ejemplo) = 2	Intervalo de espacio: 381, 393, 396 = 3
Verbo + por: 20 (luchando por defender) =1	Por correo electr 399, por teléfono 400 = 2
Por + infinitivo. 1 (por descubrir. Propósito/ Bolinger) = 1	Intervalo de tiempo: 383 = 1
	Frecuencia, porcentaje, precio, velocidad: 398 (por millones) = 1

Grupo 3:
Agente de pasiva: 582 = 1
Agente de estado resultante: 593 (por
cortinas negras), 600 (encubierto
por la oscuridad) = 2
Causa, motivo, razón: 584, 592, 596,
598, 599 = 5
Intervalo de espacio: 581, 583, 585,
586, 587,
588, 589, 590, 591, 594, 595,
597 = 12

Grupo 4:
Agente de pasiva: 789 = 1
Causa, motivo, razón: 781, 782, 785,
786, 787, 788, 790, 794, 795, 797,
798 = 11
Intervalo de espacio: 783, 784, 791,
792, 793, 796, 799, 800 = 8

Grupo 5:
Agente de pasiva: 982, 987, 989 = 3
Causa, motivo, razón: 981, 993
(nada se puede hacer por ellos
[behalf = causa]), 985, 988, 995,
997, 998, 999 = 8
Intervalo de espacio: 984, 986, 990,
991, 992, 994, 996, 1000 = 8
Intervalo de tiempo: 983 = 1

Grupo 6:
Agente de pasiva: 1187, 1188, 1191,
1196 = 4
Causa, motivo, razón: 1181, 1183,
1192, 1195 = 4
Intervalo de espacio: 1182, 1184 (por
teléfono), 1185, 1186, 1190, 1193,
1194, 1198, 1199, 1200 = 10
Intervalo de tiempo: 1189 = 1
Expresión memorizada: 1197 (por
fin) = 1

Grupo 7:
Agente de pasiva: 1395 = 1
Causa, motivo, razón: 1391 = 1
Intervalo de espacio: 1384 (por otra
parte), 1392, 1385, 1387, 1388,
1389, 1390, 1393, 1396, 1397 = 10
Intervalo de tiempo: 1386, 1399 = 2
Expresión memorizada: 1398 (por el
contrario) = 1
Verbo + por: 1381, 1382, 1383, 1394,
1400 (darse por vencido) = 5
(preguntar por)

Grupo 8:
Agente de pasiva: 1591 = 1
Causa, motivo, razón: 1600 = 1
Intervalo de espacio: 1588, 1589, 1590,
1592, 1593,
1599 = 6
Intervalo de tiempo: 1581, 1582, 1583,
1594, 1595, 1596, 1598 = 7
Expresión memorizada: 1587, 1586
(por fuerza), 1597 (por lo demás) = 3
Verbo + Por: 1585 (le dio por salir cada
noche) = 1
Frecuencia, porcentaje, precio,
velocidad: 1584 = 1

Grupo 9:
Agente de pasiva: 1795 = 1
Causa, motivo, razón: 1781, 1782,
1783, 1784, 1785, 1786 (voy por un
whiskey), 1787, 1792, 1794, 1796,
1797, 1798, 1799 = 13
Intervalo de espacio: 1788, 1789,
1790, 1793 = 4
Verbo + por: 1800 (preguntar por ti)
= 1
Frecuencia, porcentaje, precio,
velocidad: 1791 = 1

Grupo 10:
Agente de pasiva: 1998 = 1
Causa, motivo, razón: 1981, 1982,
1983, 1984, 1985,
1986, 1987, 1988, 1989, 1990, 1991,
1994 = 12
Intervalo de tiempo: 1993, 1995 = 2
Expresión memorizada: 2000 (por
ejemplo) = 1
Frecuencia, porcentaje, precio,
velocidad: 1992, 1996, 1997,
1999 = 4

(Continued)

Tabla C (Continued)

Grupo 11:
Agente de voz pasiva: 2201, 2205, 2210, 2211, 2212, 2213, 2214 = 7
Causa, motivo, razón: 2203, 2206, 2207, 2208, 2209, 2215, 2216, 2219, 2220 = 9
Intervalo de espacio: 2202 = 1
Intervalo de tiempo: 2218 = 1
Expresión memorizada: 2204 (por ejemplo), 2217 = 2

Grupo 13:
Agente de voz pasiva: 2226, 2227, 2228, 2232, 2235, 2236, 2238, 2239 = 8
Causa, motivo, razón: 2222, 2224, 2225, 2231 = 4
Intervalo de espacio: 2221, 2233 = 2
Interval de tiempo: 2230, 2237 = 2
Expresión memorizada: 2229 (por el contrario), 2240 (por ejemplo) = 2
Frecuencia, porcentaje, precio, velocidad: 2223, 2234 = 2

Grupo 15:
Agente de voz pasiva: 2282, 2284, 2292, 2294, 2295, 2296, 2298 = 7
Causa, motivo, razón: 2283, 2285, 2287, 2288, 2289, 2297, 2299 = 7
Intervalo de espacio: 2281, 2290, 2291, 2293, 2300 = 5
Expresión memorizada: 2286 (por ejemplo) = 1

Grupo 12:
Agente de voz pasiva: 2226, 2227, 2228, 2232, 2235, 2236, 2238, 2239 = 8
Causa, motivo, razón: 2222, 2224, 2225, 2231 = 4
Intervalo de espacio: 2221, 2233 = 2
Intervalo de tiempo: 2230, 2237 = 2
Expresión memorizada: 2229 (por el contrario), 2240 (por ejemplo) = 2
Frecuencia, porcentaje, precio, velocidad: 2223, 2234 = 2

Grupo 14:
Agente de voz pasiva: 2263, 2266, 2267, 2269, 2273, 2275, 2277, 2278, 2279 = 9
Causa, motivo, razón: 2261, 2264, 2265, 2268, 2270, 2271, 2272, 2274, 2276 = 9
Expresión memorizada: 2280 (por ejemplo) = 1
Por + infinitivo: 2262 (hizo todo lo posible por dar respuesta) = 1

Grupo 1 + 2 + 3 + 4 + 5:
Agente de pasiva: 1 + 10 + 1 + 1 + 3 = 16
Agente de estado resultante: 0 + 0 + 2 + 0 + 0 = 2
Causa, motivo, razón: 11 + 3 + 5 + 11 + 8 = 38
Intervalo de espacio: 4 + (3 + 2) + 12 + 8 + 8 = 37
399 (Por correo electrónico), 400 (por teléfono) = 2 (Nótese esta clasificación)
Intervalo de tiempo: 0 + 1 + 0 + 0 + 1 = 2
Expresión memorizada: 2 + 0 + 0 + 0 + 0 = 2
Verbo + por: 1 + 0 + 0 + 0 + 0 = 1
Frecuencia, porcentaje, precio, velocidad: 1 + 0 + 0 + 0 + 0 = 1
Por + infinitivo: 1 + 0 + 0 + 0 + 0 = 1

Grupo 6 + 7 + 8 + 9 +10:
Agente de pasiva: 4 + 1 + 1 + 1+1 = 8
Causa, motivo, razón: 4 + 1
+1 + 13 + 12 = 31
Intervalo de espacio: 10 + 10 + 6 +
4 + 0 = 30
Intervalo de tiempo: 1+2 + 7+0 + 2 =12
Expresión memorizada: 1 + 1 + 3 +0
+ 1 = 6
Verbo + por: 0 + 5 + 1 + 1 + 0 = 7
Frecuencia, porcentaje, precio,
velocidad: 0 + 0 + 1 + 1 + 4 = 6

Grupo 11 + 12 + 13 + 14 + 15:
Agente de voz pasiva: 7 + 8 + 7 + 9 +
7 = 38
Causa, motivo, razón: 9 + 4 + 5 + 9 +
7 = 34
Intervalo de espacio: 1 + 2 + 4 + 0 + 5 = 12
Intervalo de tiempo: 1 + 2 + 1 + 0 + 0 = 4
Frecuencia, porcentaje, precio,
velocidad: 0 + 2 + 0 + 0 + 0 = 2
Expresión memorizada: (por
ejemplo) = 9
(Por el contrario) = 1

Bibliografía

Corpes XXI. Online: www.rae.es/recursos/banco-de-datos/corpes-xxi.

García Márquez, Gabriel. 2017[1967]. *Cien años de soledad*. Online: http://bdigital.
bnjm.cu/docs/libros/PROC2-435/Cien%20anos%20de%20soledad.pdf.

Vargas Llosa, Mario. 2010. *El sueño del celta*. Bogotá: Alfaguara.

Índice temático

adverbio, *por* y 37–38

agente, regla de 41–42; en voz pasiva 38–39, 43n14; estado resultante y 31–33; regla de *por* y 28–30, 62–63

Anderson, Stephen R. 14–15

anglicismos, regla de *por* y 21–23

atomísticas, regla de *para* y 4–7

Beginning Spanish (libro de texto) 27–28, 34

blocking (bloqueo), regla de 42n3

Bolinger, Dwight L. 46, 76

Borges, Jorges Luis 7, 55–58

causa, regla de, ejemplo de *por* y 33, 38–39, 41–42, 47–50

Chomsky, Noam 32–33

Cien años de soledad (García Márquez) 1, 24n2; ejemplos de *por* 69–72; expresiones memorizadas en 39–40; intervalo de espacio en ejemplos en 35–36; intervalo de tiempo en 37–38; ocurrencias de *por* o *para* en 46–50; regla de *causa, motivo y razón* en 38–39; usos de *por* en 27, 29–30, 43n6, 47–50; voz pasiva en 32–33

cláusula subordinada, regla de *para* y 9n4

Collins, Suzanne 22–23

comprensión (al leer o al escuchar), regla de *para* y 24

Corpes XXI, 1, 13, 27, 30, 32–33, 41; ejemplos de *por* en 76–79

Cuerpos de Paz 59, 60

Delbecque, Nicole 1, 14, 46

demostrar, uso de 13n1

dicotomía como *por* y *para*: nativo/a del inglés 24n1; problema de 46–50

dirigirse, ejemplo de 33

distintas, regla de *para* en 6

duración de tiempo, *por* y *para* y 34–36, 58–59

ejercicios *por* estudiantes, reglas de *por* y *para* y 22–23

elisión, regla de *para* en 5

Elsewhere Principle, *por* y *para* con 14–21

El sueño del celta (Vargas Llosa) 27, 29; intervalos de espacio en 36–37; usos de *por* en 73–75; voz pasiva en 33

'El sur' (Borges) 7, 55–58

El valle de los Cocuyos (Díaz Díaz) 10–13

Esbozo de una nueva gramática de la lengua española (RAE) 41–42

espacio, usa *por* en 34–38

estado resultante, agente de la, voz pasiva 9n6, 16, 28, 31–33, 41, 42n4, 42n14, 43, 62, 65n8

estar, regla de *para* y 9n6

expresa duración, *por/para* y 33–35

expresiones idiomáticas: materiales de enseñanza 62–63; regla de *para* y 4–7

expresiones memorizadas: adquisición de *por* y *para* 51–52; regla de *para* y 4–7; uso de *por* y 39–40

Índice temático   81

Frantzen, Diana 63–64
frase nominal, *por* y 37–38
futura/futuro: ejemplo de *por* en
32–33; *para* está orientada el 33

Gamboa, Santiago 15
García Márquez, Gabriel 1, 24n2, 27,
29, 69
Gili Gaya 55, 57–58
gracias por o *gracias para* 63
gramática transformacional 32–33
Guntermann, Gail 8n1, 22, 25n7,
29–30, 34, 43, 51, 53–55, 58–61

hablantes nativos/as: regla de *para* y
10–13; reglas *por* y *para* y 23
Hotel Pekín (Gamboa): ejemplos de
para en 15–21; ejemplos de *por* en
27–29; expresiones memorizadas y
52; voz pasiva en 33
Hunger Games, The (Collins) 22–23

imperfectiva: cabos sueltos y promesas
sin cumplir y 56–58; de *para* 33;
ejemplo de *por* en 32–33
indígenas, derechos, usa de "ellos" por
43n13
infinitivo, usos de *para* en 4, 7, 12–13,
46–50, 61
intercambio (exchange), regla de *por* y
21–23
intervalo de espacio: *causa, motivo*
y *razón* y 38–39; ejemplos *por* y
34–38, 41–42, 47–50, 62; frase
nominal y adverbio con 37–38
intervalo de tiempo: *causa, motivo*
y *razón* y 38–39; ejemplos *por* y
34–37, 41–42, 47–50, 62; frase
nominal y adverbio con 37–38
ir (verbo), usos de *para* y 50

Kany, Charles 57–58

la cama está, para y *por hacerse*
57–58
Lafford, Barbara 58–60
La ternura que tengo para vos (Ruiz
Gómez) 57
libros de texto: explicaciones de *para*
en 2–8; orígenes de reglas en 29–30;
reglas de *por* y *para* en 1–2, 21–23

llamarse, ejemplo de 42
llegar, estar para/estar por 57–58
Lunn, Patricia 27, 29–30, 53–55,
57–58

'means' regla de 37
Mitología mexicana para niños
(Galván 1997) 7
motivo, regla de, ejemplo de *por* y 33,
38–39, 41–42

nativo/a del inglés: *por consiguiente* y
40; *por* y *para,* dicotomía *por* 24n1;
usos de *por* 34–35
*Nueva gramática de la lengua
española* 42

objeto, *por* y 40–41

Paninian Principle; *see* Elsewhere
Principle
para, preposición de: algunas
implicaciones de teoría de 61–63;
cabos sueltos y promesas sin
cumplir y 55–58; ejemplos de
Hotel Pekín (Gamboa) 15–21;
'elsewhere principle' con 14–25;
expresa duración y 33–35;
intuitivas y predictivas, reglas
por 7; la distinción entre *por*
y *para* 1–2; le esperanza es lo
único que no se pierde 59–61; no
es necesariamente *por* y 58–59;
reglas de 2–7; sin repeticiones
innecesarias 2–7; taxonomías de
las reglas de 53–55
para adentro 56–58
para arriba 56–58
para + destino, casos de 12–13
para hoy, ejemplos de 36
para + objeto, punto final intencional
14–21
para qué, casos de 12–13,
46–50
para siempre, casos de 12–13
para subir, ejemplo de 32–33
para sus adentros, casos de 12–13
para su sorpresa, casos de 12–13
pares (cuasi) mínimos, con *por* y *para*
46–50
pasado, ejemplo de *por* en 32–33

82 *Índice temático*

perfectiva, ejemplo de *por* y 33
Pinto, Derrin 15, 29–31, 38–39,
  51–52, 54–55, 58–61
por, preposiciones de: algunas
  implicaciones de teoría de 61–63;
  cabos sueltos y promesas sin cumplir
  y 56–58; ejemplos de *Hotel Pekín*
  (Gamboa) 27–28; 'elsewhere
  principle' con 14–25; expresa
  duración y 33–35; expresar *motivo*
  38–39; expresiones memorizadas
  con 39–40; intercambio (exchange)
  y regla de 21–23; la distinción
  entre *para* 1–2; le esperanza es lo
  único que no se pierde 59–61; no es
  necesariamente para y 58–59; pares
  (cuasi) mínimos y 46–50; reglas
  de 26–27; taxonomías de las reglas
  de 53–55; tiempo o intervalo en el
  espacio 33–38; verbo y 40–41
por + duración de tiempo, uso de
  nativo/a del inglés 34–35
por el parque, ejemplos de 35–36
por haber subido, ejemplo de 32–33
por hoy, ejemplos de 36
por teléfono 36–37
'por última vez' 24n3
pretérito, ejemplo de *por* en 32–33
probar, uso de 13n1
pronombre reflexivo, objeto y 43n15
punto final intencional: regla de *para*
  3–7, 23–24; taxonomía de las reglas
  de *por* y *para* 55
punto final propósito, regla de *para* 4

razón, regla de, ejemplo de *por* y 33,
  38–39, 41–42
Real Academia Española 8n1, 41–42

recipiente, regla de *para* en 5
reflejan, regla de *para* y 10
regla de causa, *por* y *para* y 1–2
regla de 'means' (medium) 37
regla de punto, *por* y *para* y 1–2
Rex, Scott 15, 29–31, 38–39, 51–52,
  54–55, 58–61
Ruiz Gómez, Darío 57
Ryan, John M. 58–60

salir, para *vs.* por 57–58
subjuntivo: *para* qué y 46–50; regla de
  para en 4, 7
Subset Principle; *see* Elsewhere
  Principle

tabulación de sus datos, usa *por* en
  34–36
taxonomía de las reglas de *por* y *para*
  51, 53–55
terminar, para *vs.* por 57–58
tiempo, *por/para* y 33–35
'transformación,' regla de 32–33

usos memorizados, regla de *para* en
  6–7

Vargas Llosa, Mario 1, 27, 29, 73
verbo y *para* 57–58, 65n6
verbo y *por* 40–41, 57–58, 65n6
Vistas (Vista Higher Learning)
  30–31
voz pasiva: agente de la 31–33; regla
  de *para* y 9n6; regla de *por* y 30–33,
  47–50, 62–63

Whitley, Stanley 1, 2, 14, 24, 43,
  55–56

Printed in the United States
by Baker & Taylor Publisher Services